U0680666

采购谈判实战：

合作策略＋议价技巧＋合同达成＋价值链构建
（第2版）

柳荣　著

人民邮电出版社
北京

图书在版编目（CIP）数据

采购谈判实战：合作策略+议价技巧+合同达成+价值
链构建 / 柳荣著. -- 2版. -- 北京：人民邮电出版社，
2024.6
（智慧供应链创新管理系列）
ISBN 978-7-115-63874-8

Ⅰ．①采… Ⅱ．①柳… Ⅲ．①采购管理-商务谈判
Ⅳ．①F253

中国国家版本馆CIP数据核字(2024)第053407号

内 容 提 要

采购人要想做好采购工作，既为自己的企业争取利益，又照顾供应商的利益，就必须懂得谈判。能促成双赢或共赢结局的采购人才是优秀的采购人。

本书详细地介绍了谈判的相关知识，包括谈判的基础知识、谈判的变数、谈判的全方位布局、谈判的实施、僵局打破以及共赢达成。本书从细节入手，多层次、多方面地分析谈判过程中的关键要素和技巧，并融入实际案例，旨在让读者通过学习，掌握取得谈判成功的各种技能。

本书适合采购与供应链行业从业者、销售员、企业管理者等与谈判相关的读者阅读使用。

◆ 著　　　　柳　荣
　　责任编辑　李士振
　　责任印制　周昇亮
◆ 人民邮电出版社出版发行　　北京市丰台区成寿寺路 11 号
　　邮编　100164　　电子邮件　315@ptpress.com.cn
　　网址　https://www.ptpress.com.cn
　　北京七彩京通数码快印有限公司印刷
◆ 开本：700×1000　1/16
　　印张：14　　　　　　　　　　2024 年 6 月第 2 版
　　字数：248 千字　　　　　　　2025 年 8 月北京第 3 次印刷

定价：69.80 元

读者服务热线：(010)81055296　印装质量热线：(010)81055316
反盗版热线：(010)81055315

说到"谈判",你的第一反应是什么?

是讨价还价、互不相让,还是剑拔弩张,甚至是"战火纷飞"? 无论是影视剧中的谈判情节,还是现实中的谈判,谈判双方似乎都处于一种"敌对"状态。谁有更多的筹码或谁的谈判水平更高,谁就能在谈判中占据上风,从而掌握主动权,捍卫己方利益。

但事实上,这真的是谈判吗?

如果你对谈判有上述认知,那么很遗憾,你认识的谈判,是被误解了的谈判。

现实中的谈判,当然会有剑拔弩张的一面,但这只是谈判的表象。在看似对立的谈判桌上,是双方对"共赢"的追求。战胜对方从来不是谈判的目标,谈判的核心目标是:双方通过不断交换信息,最终达成共识,在良好的合作中实现共赢。

共赢,才是谈判的核心目标;计划、策略、技巧等,都只是服务于这一目标的手段。

这一点往往被不少谈判者忽视。他们只将谈判看作单纯追求己方利益的方式,但谈判其实是解决共同利益问题的过程。双方在谈判中思路趋同并达成一致,最终促成共赢的实现,这才是谈判的精髓。

正因为未能看透谈判的本质,所以如今谈判者虽然不少,但优秀的谈判者不多。一些谈判者只注重辩驳的言语技巧,只顾驳倒对方以实现己方利益最大化,为此不惜极大地损害对方的利益……结果,谈判成了"苦战",谈判桌上没有诚意、尊重或合作,反而充斥着所谓的"丛林法则"。

只有在正确认识谈判之后,谈判者才能借助各种策略、技巧推进并完成谈判，最终达成满足双方需求的协议。

要知道，战术服务于战略，没有正确的战略作为指导，我们即便有一万种战术，实际结果也会与预期南辕北辙。这样一来，我们只会在一次次声嘶力竭中疲于应战，对谈判失去信心……

本书虽然同样包含大量谈判技巧，但核心却是为了让我们重新认识谈判，理解谈判的共赢本质——这也是谈判桌上最重要的内容。当我们消除对谈判的误解，就能够认清谈判的价值、谈判的基础、谈判的权力、谈判的节奏，进而在谈判中游刃有余，在合作中实现双赢！

现在，你应该已经开始重新思考谈判的本质了，或许你会产生以下几个疑问。

谈判是什么？

谈判的基础是什么？

谈判中的双方是对立的吗？

如何让自己回归谈判的本质？

如何有效推进谈判计划？

如何打破僵局？

除了议价，我们在谈判中还要做什么？

接下来，不妨带着这些问题开始阅读本书吧！本书第 1 版经过了市场的检验，得到了不少读者的喜爱，此次改版，对内容做了增删，修改了部分细节，希望能更好地帮助你找到这些问题的答案，让你对谈判有一个全新的认识！

柳荣

采购谈判，看起来像是这个世界上最简单的职业——只需要一张嘴即可。然而，越是看似简单的职业，其实越是复杂，不是一句话可以说清楚的。如何撰写提案、如何与团队配合、如何获得谈判相关资料、如何根据情报制订针对性的战略、如何实现双赢而不是单方面获胜、如何巧妙过渡到最后的收尾阶段……这些我们过去并没有怎么关注的内容，却构成了采购谈判与议价的核心部分。

认识不到这一点，即便我们在日常生活中是能言善辩之人，到了谈判桌上也会立刻变"哑"。很多人都有这样的疑惑：自己在生活中是一个侃侃而谈的人，认为自己自信、幽默、风度翩翩，可是为什么坐在谈判桌前时，脑海里却一片空白？面对对方咄咄逼人的态势，自己毫无招架之力，只能被对方牵着鼻子走？

采购谈判与议价看似简单，好像只需要一张嘴。但是在其背后，却不是只需要一张嘴那么简单——记忆力、眼界、思维能力、观察能力、应对能力……这些缺一不可。想要成为一名优秀的谈判者，并不是一件容易的事，需要经过科学的训练，最终形成一套属于自己的谈判思路与体系。

本书立足谈判的本质，从商务角度阐述采购谈判的技巧与策略，介绍谈判的准备、谈判的团队组织、谈判策略等，旨在教会读者如何进行谈判，特别是如何与上下游的合作伙伴进行谈判。

为了降低阅读难度、增强学习效果，本书从细节入手，多层次、多方面地分析谈判过程中的关键要素，并以实际案例进行演绎，以期让读者快速学会谈判，并在商场中取得成功。

本书特点如下。

① 作者柳荣作为实战派专家，他讲解的内容详细全面、通俗易懂，适合各

个层次的读者阅读。本书立足柳荣的课程体系，采取难易结合、理论与实战结合、案例与方法结合的形式，非常适合采购行业的人士阅读学习。

② 图文并茂，以图释文、以文解图，易学易懂，便于实战演练，实操性较强。

③ 案例丰富、实用，对读者理解采购谈判与议价等具有非常大的指导和帮助作用。特别是书中涉及的一些谈判理念，读者通过案例能轻松理解其内涵。

本书适合以下读者。

① 采购领域相关人员、企业相关领导、供应链领域相关从业者、电商行业从业者。

② 高等院校学生、谈判爱好者。

目录

第 1 章　谈判的基础知识

第 4 章　谈判的实施：稳扎稳打，逐步推进

第 5 章　僵局打破：另寻他途，迂回解决难题

第 6 章　共赢达成：适当让步，实现双赢

第 1 章

谈判的基础知识

　　学会谈判的前提是明白谈判是什么。这并非无意义的定义问题，而是决定谈判思维、逻辑、策略和态度的关键问题。尤其是在采购过程中，太多人对谈判有误解。

1.1　什么是谈判

【问题】

谈判者唯一感兴趣的事情是取胜。（　　　）

A. 对

B. 错

C. 要看指的是什么事情

有人说，谈判是战争，那么在这种理解下进行的谈判一定充满火药味，双方会针对某个问题不断"攻击"彼此。有人说，谈判是力量的博弈，强势一方会绞尽脑汁去"碾压"弱势一方，不达目的不罢休。也有人说，谈判是双赢，大家利用智慧共同创造价值，然后各取所需。

就如在培训课堂上，笔者经常问学员：什么是谈判？

"讨价还价""砍价""为使自己获得最大的利益而进行你死我活的博弈"……各种各样的回答，丰富多彩。

这些观点，都是对谈判的认知。

既然是谈判，那过程中自然会有意见不统一的情况出现，甚至会出现较为激烈的争论。

但如果认为谈判是"战争"，甚至将谈判定位为一次"你死我活"的较量，那双方自然很难达到真正的目的。因为谈判双方既然愿意坐在谈判桌前，就不是为了进行争论或"战争",而是为了合作。

双方或多方通过沟通、交流与协调等手段,在彼此可以接受的资源分配方式下,达成有利于己方利益的结果的活动过程,就是谈判。

总而言之,关于谈判,我们可以明确其核心元素,如下所示。

① 谈判的根基:合作与共赢的框架。

② 谈判的手段:沟通、交流、协调。

③ 谈判的目的:达成有利于己方利益的结果。

④ 谈判的终极目标:达成合作。

谈判是人类与动物的不同之一,因为动物解决利益冲突往往只会通过爪子与牙齿,而人类解决问题则会通过沟通、交流等和平手段,以实现各自的目的。

在和平的前提下,大家就共同关心的问题进行磋商,交换意见,寻求解决途径,经过相互妥协,最终达成合作的过程,就是谈判的过程。

其实,世界充满谈判:原本想跟朋友去吃麻辣火锅,朋友却想吃清汤火锅,最终点了鸳鸯火锅;夫妻双方一人想去看电影,一人想去看戏,最后却选择陪小朋友去游乐场玩……

下面两个问题需要思考。

① 商业活动有一定的规则,那为什么还需要谈判?

② 谈判的关键是什么?

相信有不少人会这样回答。

① 为了击败对方，为自己争取到最大利益！

② 谈判的关键是"沟通"，辩论高手一定是谈判高手！

这是大多数人对谈判的一般认知，虽然这样的认知没有错，但他们并没有完全理解谈判的内涵与外延。

如今，供应链经营环境日新月异，客户需求与市场格局也在不停变化，但有两个变量的发展趋势非常明确，即产品生命周期越来越短、产品性价比越来越高。这两个变量的发展趋势迫使供应链上企业的角色不断变化，且企业对供应链产品的渗透性不断增强。这种倒逼迫使供应链参与各方必须调整利益分配模式，通过沟通、利益交换、彼此让步等方式实现共同利益最大化。正因如此，谈判就显得更加重要。

【问题探讨】

谈判，无关乎道德，只关乎共同价值的达成。

善协同交换者，才能走得更远。

对"谈判"一词存在这样一种理解：你"取胜"，意味着对方"败北"，这是单赢的做法。谈判过程中，你"取胜"的意愿越强烈，对方的态度反弹也会越强烈，这不利于谈判的推进。我们希望用另一个词来形容谈判——共赢！因为双方都可以成功，可以双赢。

所以，本节开头提出的问题的答案为 B。

1.1.1　谈判≠打败对方，辩论高手≠谈判高手

从谈判的表象来看，谈判的确是为了己方利益，与对方"唇枪舌剑"的辩论过程。但这仅仅是谈判的"表象"，谈判深层次的逻辑是：展示证据，据理

力争。同时，双方就各自利益无法达成一致时，可以通过沟通，探寻彼此的利益关键点，最终通过利益再分配实现共赢。

所以，谈判不是互相攻击，而是双方阐明各自的利益和立场，就当前利益与潜在利益形成统一的认知，谋求共同的利益。

谈判本身是资源配置的过程，而非最终目的。虽然在这个过程中，存在双方博弈的场景，但这是为了达成共同认可的结论，并达成合作。

有人认为，因为谈判过程中有激烈的"沟通"场面，所以谈判就是辩论。

事实并非如此。

我们知道，辩论的目的只有一个：揭露对方观点的矛盾，把对方驳倒，以便在最后得到"我赢"的结果。在辩论中，一方会通过各种方法从现象、理论到价值层面，阐述理由，辩驳争论，最终让对方的观点不被大家认同，甚至让对方哑口无言。辩论是会分胜负的。

但谈判显然不是如此。如果在谈判中获得"最佳辩手"称号，那就可能意味着失去合作机会，因为谈判的最终目的是达成"双方可以接受的利益目标"。从表面上看，谈判与辩论一样，双方你来我往、表达诉求，但二者的手段、目的截然不同。

谈判不是互相攻击，而是形成统一的认知，谋求共同的最大利益。谈判的最终结果是"在保障双方利益的框架内实现共赢"，即在价格、数量、质量、送货方式等具体内容上达成统一意见，最终签订合同。

因此，真正的谈判就是双方通过不断沟通、交流与协调，扩大合作边界，交换筹码，达成共赢，并形成价值链的过程。

谈判并不等于"打败对方"，它不是辩论，必须要分出输赢。没有共赢而仅靠强势地位完成的谈判，即便合同已经签订，到了后期执行阶段，合同也有可能因合作商心存芥蒂，不积极有效地执行，而遭受无法预测的后果。

某家公司的员工小孙，曾经代表公司与供应商进行谈判。谈判过

程中，为了给己方争取到最大的利益，小孙几乎不给对方留任何缓和余地，不断压价，使用了诸多辩论技巧，凭借甲方主动权让供应商几乎毫无招架之力。

小孙表示："我不管你们给其他客户的报价是多少，你也不要和我方诉苦，说什么成本很高。我已经说明了我方的底价，如果能接受，咱们就签约；如果不能，我方立刻更换供应商。以我方的实力，不是不能找到替代者。"

在小孙咄咄逼人的气势下，对方尽管不情愿，最终还是签下了合同。小孙认为自己获得了这场谈判的胜利，兴奋地认为这次项目结束后自己一定会升职。

但令小孙想不到的是，一个月后，公司收到供应商的产品时却发现这批产品的残次率非常高，无法达到要求。当小孙向供应商提出疑问时，对方表示："贵方将价格压得这么低，我们无法尽最大可能满足贵方的需求，这一点我在签合同时已经特别说明，但您执意以这个价格签约，我们也无可奈何。"

小孙原本以为凭借这场"成功"的谈判，自己会在公司中平步青云，最终却因为这次事故接受了公司的处分。

我们能说这样的谈判是成功的吗？

答案自然是否定的。

谈判不等于打败对方，辩论高手不等于谈判高手。在进行谈判之前，一定要先认清这个道理，这样才能真正走入谈判的大门。

辩论高手不等于谈判高手，这是谈判双方需要建立的谈判思维。

1.1.2 谈判的价值与目的：合作的利己主义

【问题】

甲跟乙谈判，双方还在谈判中，没有达成协议，这时甲和乙是（ ）。

A. 对手关系　　　　　　B. 合作关系

【问题探讨】

笔者在上课过程中发现，大多数学员对于上面这一问题的回答是对手关系。

其实不然。

大家想：甲跟乙为什么谈判？

原因很简单——双方想"合作"。但合作归合作，双方之间又存在"分歧"或"僵局"，我们称之为合作的"问题"。

现在无论是甲还是乙，都无法单方面解决这个"问题"，甲乙双方只有坐下来，共同协商与合作，才能解决这个"问题"。所以甲乙双方进行谈判是为了解决"问题"。

因此，甲和乙是合作关系。

换个角度讲，如果一方把另一方当成所谓的"对手"，那双方会对彼此抱有警惕，互设对立立场，敌视、抗拒，甚至剑拔弩张……这种谈判的进程与结局可想而知。

所谓"谈判"，就是合作的利己主义。

在"合作"的框架下"利己"，这一点是很多谈判者容易忽视的，他们往往只专注于"利己"，却忘记了"合作"这个前提。谈判双方有清晰的方向，并配合相应的手段与技巧，合作才能良好达成。

合作是谈判的前提，如果没有合作这个前提，那就无须耽误时间与浪费精力进行谈判。谈判追求的不是完全压制，更不是"打倒对方"，而是解决合作道路上的障碍与问题，相互谅解与妥协，达成利益与意见上的一致，即双方在合作的基础上，各取所需。

历史上所有积极推动人类发展的谈判，都是建立在合作的基础之上的，无一例外。例如，《联合国气候变化框架公约》就是由100多个国家及欧洲经济共同体通过不断谈判最终达成共识而形成的公约。各个国家虽然工业发展水平、温室气体排放量不尽相同，但是有"创建美好地球"的共识与合作目标，所以这一公约得以顺利签署。反之，没有合作，谈判就无法被称为"谈判"。

谈判，不仅仅需要技巧与妥协，更是人性的碰撞。

也许我们通过各种技巧，或者利用自己的某些天然优势，能让对方毫无招架之力，但最终的结果通常是"谈判失败，双方未能就某一问题达成一致"。因为我们太过注意"利己"的一面，忽视了合作这一基础，忽视了共同利益，忽视了双方一致的价值主张。完全忽略对方而仅沉溺于自己利益的谈判必然失败。

这样的谈判，结果就是"双输"。

值得特别指出的是，商业谈判的价值不仅在于"当前利益共赢"，更在于"长期利益共赢"。这种共赢包括战略共赢、逻辑共赢与发展共赢。在供应链管理中，我们非常希望与对方除了就标的物展示合作，还能在供应链战略、研发设计等维度深入合作，实现可持续长期协同发展。

通过谈判，买方从卖方那里获知更为详细的产品信息，为产品的开发奠定基础；买方向卖方说明产品应用方向并提出建议，卖方根据实际情况进行细节调整……双方只有探寻可能的合作边界，才可能在价格、品质、后期合作、适用条件、合同融资、技术和商业管理方法之外，获得更大的利益共赢空间，为协同发展奠定良好的基础。

合作谈判应当基于全局观，而不是仅仅针对价格等交易条件进行。从全局上达成共赢，这样的谈判才是有价值和意义的。

只有达成共赢，才有机会形成价值链。那我们如何才能达成共赢呢？

1. 扩大合作边界

谈判的第一目的是获得期望的产品与服务，满足企业价值与利润需求。多数谈判都是基于这个简单且关键的目的而开展的。

但成功的谈判不会局限于产品价格和交付方式等，而是在促成共赢的基础上，与合作伙伴进行更深层次的信息交流，为合作边界的扩大创造机遇。

2018 年，星巴克与阿里巴巴经过多轮谈判，最终达成全方位战略合作，此次合作涉及阿里巴巴旗下饿了么、盒马鲜生、淘宝、支付宝、天猫、口碑等多条业务线。星巴克想要在中国站稳脚跟，就必须进行中国化改造，尤其是需要融入当下移动支付的浪潮。而阿里巴巴是当前移动支付领域的佼佼者，星巴克与阿里巴巴进行合作，能够将支付宝等一系列业务线引入星巴克，给中国消费者带来更加便捷的消费体验。

因为双方的合作意愿较为强烈，所以双方在谈判过程中能够做到针对各自的诉求不断进行深化讨论，共赢可能性较大，所以在达成战略合作的同时，星巴克还宣布与阿里巴巴联手开创星巴克新零售智慧门店，进一步满足网购、移动端下单支付、"用星说"社交礼品领取及客服咨询等各项需求，从而使自身得到全方位升级。这就是通过谈判最终扩大合作边界，整合谈判双方资源，形成共赢局面的范例。

从星巴克与阿里巴巴的谈判可以看出，在有价值的谈判中，双方并非站在"对立面"，不是一方单纯压价，另一方只顾守价，而是通过彼此资源的互通，找到新的合作方向。这让商务合作不再局限于单纯的"交换交易"，而是探寻更完善、更深入的合作模式。要想实现这一点，谈判双方就必须建立大局观，无论是谈判主题、谈判代表的选择还是具体谈判技巧的使用，都应从大局出发，这样才能扩大合作边界。

2. 形成价值链，实现较多的价值诉求

成功的谈判是与合作商形成对价值体系的共识。合作商不只是原材料、产品或服务提供方，更是品牌发展的重要推动力。合作双方认同彼此的品牌价值，这样能够实现更多的价值诉求。

典型的合作价值链案例就是苹果公司与富士康、和硕科技等代工厂的合作。苹果公司与富士康、和硕科技原本是单向的采购关系，随着苹果产品在全球范围内走俏，富士康等企业获得了大量的订单，保证了利润。而随着双方的合作越来越紧密与深化，代工厂与苹果公司之间的价值链不断完善，其针对苹果公司推出了一系列全新的生产线，在满足苹果公司需求的同时，也在不断增强自身科研能力。

并且，由于代工厂认同苹果公司的价值观，双方逐渐形成了统一的价值体系，开始改变单向的生产业务合作关系。代工厂开始进行产业升级、新技术研发时，会主动与苹果公司取得联系，分享成果，为苹果公司带来新的创新思路与模式。由此可见，苹果公司是在供应商管理方面十分具有参考性的公司，通过谈判，其将供应商纳入价值体系之中，为未来的发展奠定了有力的基础。

一旦形成深度谈判，谈判活动就不再局限于完成当前的任务，它能够实现较多的价值诉求，直接为谈判双方打开新的思路。因此，虽然各代工厂从苹果公司获得的利润，很多时候与从其他企业获得的利润相比并不占优势，但各代工厂依然非常欢迎苹果公司的订单。因为通过与苹果公司的合作，代工厂获得的不只是利润，还包括整个生产线管理体系、技术体系的升级，从而实现了多元价值诉求。达到这种效果的谈判，才是真正完美的商业合作活动。

1.1.3　谈判无处不在

很多人认为谈判只存在于商务交易与合作中，但实际上，谈判普遍存在于日常生活中。

朋友聚会时，A 想吃火锅，B 想吃川菜，C 想吃饺子，为了达成一致，大家开始进行讨论。

孩子放学回家后，想要看完动画片再写作业，父母却要求他写完作业再看动画片，这时候父母需要与孩子协商。

你看中了一款空调，商家定价 5 000 元，你想以 4 000 元的价格买下，为此你与销售员开始讨价还价。

......

以上情形，都是谈判。谈判无处不在，它不仅存在于谈判桌上。

当我们与某个人或多个人有分歧时，就需要通过谈判来解决问题，最终达成一致。

现实商业世界中，各方的资源配置需求不尽相同，因而在共赢的要求下，各方必然需要基于合作框架，通过协商满足这些差异化需求。也正因为如此，分歧或僵局是谈判的基础，如果没有分歧或僵局，那便一拍即合，无须再谈判。有时候即便分歧非常细小，它也构成了谈判的必要性；纵使双方建立了极高的信任度、关联度和深入的合作关系，谈判依然是有必要的。因为，双方在具体的利益层面依然会存在分歧，尤其对商务合作而言，某些时候只是 0.01 元的单价差异，或是项目进度提前一天、延后一天的差异，都有可能让双方无法达成共识、顺利签约。这个时候，就需要通过谈判解决问题。

换言之，如果双方没有丝毫分歧，在所有细节提议上都一拍即合，却还要展开谈判，那岂不是浪费时间？

在商务谈判过程中，谈判者需要同合作方不断交换各种信息，一方面需要保证自己的利益，另一方面还要与对方建立良好的关系，使双方利益达到平衡。采购谈判是供应链管理中最重要的一个环节，只有做好采购谈判，才能建立稳定的供应商体系，为未来与供应商的良好合作创造条件。

现在，我们明白了商业活动为什么需要谈判。

谈判就是一种商务程序。通过这种程序，谈判双方能消除彼此间的分歧，实现共赢，这是良好合作的前提。只有建立了这样的谈判思维，才能消除根深蒂固的"谈判攻击性"，真正促进谈判的成功。

只有正确认识谈判的定义、内涵与外延，才能更好地定位谈判、准备谈判、规划谈判以及实施谈判，最终实现达成合作的目标，否则就会在谈判技巧的沼泽里越陷越深，难以自拔。

1.1.4　促成谈判的第一原则：共赢

【问题】

你承建了一个地铁工程项目，合同中包含延期罚款的条款。分包商施工时因出现透水事故未能如期完成工作，以致影响项目的正常交付，此时你应该怎么做？（　　　　）

A. 查分包合同，找出分包商应承担的责任

B. 列举该分包商的种种失误，以传真形式向他的上级投诉

C. 给对方上级打电话，要求由对方承担全部责任，否则你将起诉

D. 安排一次会议与对方协商补救办法，讨论你方工程师提出的解决方法

究竟怎样做能让双方达成一致，最终签订合同？

答案只有一个：共赢。什么是共赢？最容易理解的解释是：找到彼此共同的利益。没有共赢的谈判，就是失败的谈判。谈判就是利益交换的过程，找到了共同的利益，就可能达成共赢，为双方的合作创造契机。

双方达成共赢，不仅会促进商务活动有效进行，还会为未来扩大合作边界

奠定良好的基础。双方形成统一的价值体系，通过合作实现自身利益的最大化，必然会对更多细节产生"共情"心理，会以合作的心态进行交流。

现实生活中，通过谈判扩大合作边界，从而形成更密切的合作，这样的场景十分常见。

A 去买鞋子，一款鞋子原价 100 元，他想要以 90 元的价格买下，于是不断砍价。但是商家 B 并没有同意，经过一场"拉锯战"，最终以 95 元的价格成交。A 虽然买到了自己心仪的鞋子，但还是认为自己有些吃亏；商家 B 则认为最终成交的价格太低，这个顾客"不好对付"。

A 去买鞋子，一款鞋子原价 100 元，他觉得有点贵，于是开始砍价。商家 B 表示价格已经是最低，无法再降了。但是为了促成交易，他提出可以送 A 一双价值 10 元的袜子。A 看到袜子的质量很好，于是不再砍价，双方愉快地达成交易。商家 B 的袜子售价 10 元，进货成本只需 3 元，显然，这是双赢的交易。

上面第 2 个案例就是"扩大合作边界"的典型案例。砍价同样是谈判，但仅将目光锁定在价格上，最终即便达成合作，双方也会心有不满，顾客可能只进行"一次性消费"。但通过扩大合作边界，商家凭借一双进价 3 元的袜子，让达成的交易不局限于鞋子之上，双方也都达到了自己的心理预期，这样的谈判自然是成功的，对培养"回头客"非常有帮助。

谈判双方在沟通中交换信息，信息交换得越充分，双方越能达成共赢并促进合作边界不断扩大，那么谈判结束后的执行就会越高效。随着信任度的不断提高，双方的价值链会逐渐形成，最终双方会成为紧密的利益共同体。

为什么苹果公司拥有成熟完善的合作机制？因为苹果公司在全球开展采购业务，与众多代工厂建立深度合作模式，而不是简单地进行硬件采购，所以双方的合作边界得到极大拓展，代工厂愿意配合苹果公司的发展进行业务调整，最终苹果公司形成了全球化生产体系。倘若没有扩大合作边界，那么苹果公司就无法建立遍布全球的生产体系。

当然，在谈判过程中，采购方与供应商会不断亮出筹码，彼此通过筹码交换信息，争取最大的利益。正是因为需要借助筹码进行谈判，所以双方会经过一定时间的"拉锯战"，最终达成共赢，形成价值链。谈判就是一个过程，是彼此交换信息的过程，是彼此相互了解的过程，是逐渐达成共赢的过程。唯有进行这样的谈判，双方的价值才能实现最大化，合作边界才能不断被拓展。

【问题探讨】

本小节开头的这个问题的 4 个答案其实就是 4 种决策。我们做商务决策和进行商务谈判的出发点就是利益最大化。于是接下来分析双方利益即可。

从问题的描述可以看出，你方的最大利益是"如期交付"，毕竟你方不是靠收分包商的罚款获利的，同时分包商的最大利益也是"如期交付"，即双方的利益是一致的，因此应选择答案D。

1.2 谈判的 3 个问题

谈判是商务活动的一个重要环节，这其中既有合作的憧憬，也有利益的博弈，谈判者必须谨慎对待。因此，谈判者在谈判前必须先问自己 3 个问题，只有在这些问题都得到肯定回答时，笔者才建议谈判者着手准备谈判。

1.2.1　谈判是否有安适感

所谓"安适感"，即为"安全感受"。谈判应当在一个让谈判者感到放松与安全的环境中进行，只有这样，谈判者才能按照自己的节奏谈判。这就如同兔子无法与饿狼轻松谈判，鲨鱼无法在陆地与袋鼠谈判一样。并且，如果谈判中存在被要挟、恐吓等情形，谈判者将产生无法抑制的"非安适感"，在这样的环境中自然不可能发挥出自己的优势。在国际谈判中更应该注意这个问题。

笔者的学员曾分享过如下亲身经历。

这名学员曾经在某跨国企业工作，负责与国外某公司进行采购谈判。学员到了合作公司所在国家后发现，谈判居然在一个嘈杂的酒馆中进行，谈判期间不停有醉酒的人经过。同时，这名学员对这个国家的文化了解有限，总感觉很多人在用敌视的目光打量自己，所以始终处于惊慌的状态。因此，他不得不向对方说明内心的焦虑，并表示如果不能更换地点，将取消谈判。

只有在熟悉的场景中，谈判者才有充分的安适感。谈判不是旅行和聊天，没有安适感做基础，就难以形成和谐的谈判环境。谈判者如果因为不熟悉环境而产生过大的心理压力，就很容易出现情绪失控、忘记既定战术等状况，从而处于被动状态。

这名学员在产生非安适感时，立刻提出更换地点的请求，这就是很聪明的做法，能够避免自身的心态在陌生环境中持续处于失衡的状态。想要贯彻谈判思路、发挥正常水准，谈判者就必须找到谈判安适感，尽可能让自己的心理处于一个相对稳定的状态。

如果无法获得谈判安适感，谈判者就会陷入焦虑、抑郁的状态，甚至因此出现明显的攻击性，而这恰恰可能是对方渴望看到的，因为对方很容易就此抓住谈判者的漏洞，并做出有针对性的布局，或使原本可继续的谈判无疾而终。

所以，谈判者保持自身心态的平稳，寻找谈判安适感，是谈判顺利进行的先决条件。

需要注意的是，安适感是谈判双方都会产生的感觉，双方只有都处于情绪较为平稳的状态，才愿意真正了解对方，愿意就某一问题进行深入讨论，形成"谈判桌上的友谊"。所以，要创造谈判安适感，谈判者一方面需要从己方的需求入手，另一方面也需要从对方的角度出发。如果谈判者发现谈判场景会使任何一方产生非安适感，就应当立刻进行场景改造，或是调整座位，或是改换地点，直到创造出一个彼此可以接受的环境再进行谈判。

1.2.2 谈判是否能满足需求

谈判之前需要预测其结果：这次谈判能否满足需求？

如果有人拿着10元钱对汽车经销商说："咱们谈判一次，谈成了这10元钱就是你的。"他得到的回应大概只有一个白眼，因为这样的谈判根本无法满足对方的需求。

在双方不断博弈的过程中，每一方都有自己的需求，但彼此的需求往往又存在一定差异。因此，谈判的过程是双方需求不断趋同的过程，直至最终统一。影视剧中一拍即合的谈判，在现实中往往难以实现，因为双方都会为了实现自身利益最大化，进行反复的交流、讨论。

正因为谈判双方具有不同的需求，所以谈判带有很明显的"不可知性"，即谈判的最终结果在谈判初期是不可预知的。为了避免最终结果与最初需求相差过大，谈判者必须对谈判结果进行分析预测，判断其能否满足自身的需求。这就需要谈判者对自身需求、市场行情、对方需求、双方差异点、双方对等条件等要素进行综合分析。

"不打无准备之仗"，谈判开始之前，谈判者必须写下自身的最优期望目标、实际需求目标、可接受目标、最低限度目标，并进一步细化每一个目标，做到对自身需求心中有数。谈判者能够明确自己的需求时，就可以在谈判中做到坚守底线、适当妥协，从而达成相应的目标。此时，谈判就已经成功了一半。

自身的需求需要提前完整细致地确定。而对于对方的需求，又该如何进行预测？

首先，谈判者要站在对方的角度，试着分析对方需要满足的需求、担心的问题和希望达成的结果。这样，谈判者就能对对方需求形成初步的预判。

其次，在谈判过程中，谈判者要不断捕捉对方的细节，通过交换信息，不断判断对方的期望和目标。当然，这种信息交换要点到为止。谈判者要多用提问式语言巧妙挖掘信息，避免暴露自己的底线和策略，也要避免因表现出太过明显的企图而引起对方的警惕。

此外，谈判者一定要提前对对方进行详细调查，了解对方所处行业、前景、现状、发展历史以及对方的竞争对手和合作企业等相关信息。这样就能了解到对方目前亟待解决的问题以及迫切需要满足的需求，从而做好谈判准备，牢牢掌握谈判的主动权。

1.2.3 谈判价值衡量：付出与回报是否匹配

谈判是一个曲折且漫长的过程，而谈判者的时间和精力却是有限的，所以谈判者必须对谈判价值进行衡量，即明确以下问题。

通过谈判得到的利益，是否值得自己为其花费精力与时间？

花费多少精力、时间，调动多少资源，才能使谈判达到最佳效果？

这就是谈判的价值衡量。每一场谈判都需要谈判者付出诸多成本，如人力成本、资源成本、时间成本等。那么，与最终达成的谈判结果相比，这些成本是否能够相匹配呢？

A 公司为了推出一款全新的拳头产品，与某国一家企业展开了一场采购谈判，采购标的物为某款电子芯片。该企业提出了一系列非常严苛的要求，A 公司谈判者为了与该企业达成合作，不得不答应对方诸多无理的要求，如将谈判地点设在与双方利益毫无关联的地方，A公司不得不租下当地价格不菲的酒店会场。同时，由于该企业工作效率不高，这场谈判持续了数月之久还未结束。很快，A公司财务部门发现这场谈判成本过高，即便达成合作意向，这款电子芯片的采购价也远远高于市场价，于是及时向高层汇报。高层迅速叫停这一谈判，并对谈判者进行停职处理。

类似事件在很多谈判中都发生过。忽视价值衡量，付出与回报并不匹配，这样的谈判即使达成了预期目标，也是一场失败的谈判。以最低的成本创造最大利益的谈判，才是最有价值的谈判。

那么，谈判成本主要包含哪些内容呢？它们又会如何影响谈判的价值呢？

1. 资源之和

资源成本是相对容易衡量的谈判成本，包括预期付出的人力成本、物力成本、财力成本、时间成本及其他成本，如图1.2-1所示。将这些成本汇总起来，就可以得到资源之和。

笔者的很多学员都曾有过这样的经历：通过谈判，尽管最终顺利以预期价格达成了协议，但是由于谈判时间过长，谈判成本骤增，其综合成本仍然远远超出预期成本。这显然不是成功的谈判，而是谈判技巧不足、前期准备不够或谈判节奏不佳造成的结果。此类谈判不仅会造成成本增加，也会使谈判结果与预期目标出现明显偏差。

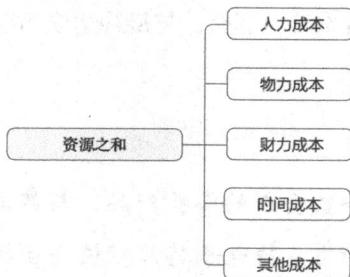

图1.2-1 资源之和

2. 让步之和

为了达成协议，谈判双方势必会有所让步。没有弹性的谈判，必将进入尴尬期，以失败告终。而让步多少、如何让步，同样会产生谈判成本。让步之和等于谈判的预期收益与实际收益的差值，如差值较大，则说明该次谈判的让步之和较大。

例如，我们与某供应商就一项技术进行谈判，我们的设想是：尽可能让多款产品都可以使用这一技术。而最终的结果是，供应商以 ×× 元的价格，允许我们在产品中使用该技术，但仅限于某款特定产品，其他产品如要使用则需另行谈判。从目标上来看，我们的确解了燃眉之急，一款产品可以使用先进技术；但从长远来看，其他产品使用该技术的成本不可控，企业难以避免技术使用价格的持续上涨，这就给企业的经营带来了不确定性。所以，这次谈判的价值偏低、让步之和偏大，结果未能满足企业需求。

谈判是否有安适感、谈判是否能满足需求、付出与回报是否匹配，这 3 个关键问题的答案直接决定了谈判的进程与最终结果。在一场谈判开始前，谈判者如果能够解决好这 3 个问题，并做出精准规划与分析，就更容易掌控谈判的走向。

1.3　谈判的 3 个基础

任何一场谈判都具有 3 个基础，谈判者应当学会妥善处理。

这 3 个基础分别是：

① 有无法容忍的僵局；

② 各自有期望和目的；

③ 有交集空间。

1.3.1　谈判的第 1 个基础：有无法容忍的僵局

我们在工作或生活中可能有过这样的经历：我们与对方就某个事件谈了好几轮，却没有任何进展，几个焦点问题总是无法解决，但为了事件的有效推进，我们仍然需要继续谈判……这种经历异常痛苦，也让每次谈判都像是在浪费时间，我们也因此对接下来的谈判产生懈怠情绪。

这样的经历就是谈判的第 1 个基础——有无法容忍的僵局。如果谈判者无法有效处理僵局，甚至无法有效处理自己的负面情绪，谈判将难以继续。

没有僵局，谈判也就无须进行。一拍即合的事情还需要谈判？双方坐下来直接签约即可。谈判的意义就是协调双方利益的差异与认知的不同，既打破僵局，也可称为解决分歧或问题。因此，谈判双方需要耐心地进行信息交换，尽可能说服对方，从而达成共识、实现统一，最终达成共赢。

作为谈判的一方，我们必须认识到僵局必然存在，而"沟通与达成共识"则是谈判的重要手段。只有不断打破僵局，双方才能走向共赢；只有基于这一认知，双方才能真正有效地开展并推进谈判。

部分谈判新手往往会抱怨："为什么工作这么难开展？所有合作商都不理解我们的需求，谈判总是会陷入尴尬的境地。难道没有那种一拍即合，交流完就可以立刻签合同的合作商吗？"

如果谈判者还抱有这样的期待，那么就很难有效地开展谈判工作，更难打破令人无法容忍的僵局。谈判就是为了协调利益配置的差异与认知的不同，这是达成合作的前提。谈判双方只有经过深入的谈判，让彼此的认知得到有效统一，最终才能达成合作。

真正优秀的谈判者不会惧怕僵局，反而会带着打破僵局的心态进行谈判。双方有分歧，谈判才有基础。谈判的过程就是解决分歧的过程。

1.3.2　谈判的第 2 个基础：各自有期望和目的

在商务谈判中，所谓各自的期望，通俗地讲，就是一个想买，一个想卖。否则就是强买强卖，成不了买卖。

谈判出现分歧与僵局，就意味着谈判双方各自有期望和目的。谈判的目的，就是了解彼此的期望，然后进行有针对性的沟通，从而达成一致。所以，谈判的第 2 个基础，就是各自有期望和目的。如果谈判者不知道自己和对方的期望与目的，谈判必然以失败告终。

有一次，一名学员在课间休息的时候跑来问道："老师，我想要将对面小区的商铺买下来，请问要怎么谈判？"

这是一个很实际的问题。然而，谈判需要搜集很多信息与材料，如果只知道买方意愿，却不知道卖方需求，就很难形成详细的方案。于是，笔者问了一句："对方是不是卖得很贵？"

"对方不想卖。"

"那就没办法了……"

谈判一方的期望是"买"，另一方却没有"卖"的期望，那么谈判的基础就不存在，更不可能产生实质性的谈判。谈判并非想象，必须在双方都有期望和目的的基础上才能有效进行。

如果对方并没有交易的欲望，或是我们根本不了解对方的期望，如这位店主本身并没有转让商铺的意愿，那就意味着谈判连开始的可能性都没有。

所以，谈判的第 2 个基础是自身与对方各自有期望和目的。同时，谈判者要对彼此的需求有一定的了解，这样才能制定更具针对性的策略，从而进行有效的谈判，否则一切都是纸上谈兵。

1.3.3　谈判的第 3 个基础：有交集空间

买方与卖方各自的期望与目的必须存在交集空间，这样才会有达成一致的可能性。这个交集空间越大，成交的可能性就越大；交集空间越小，成交的可能性就越小。

谈判双方的交集空间如图 1.3-1 所示。

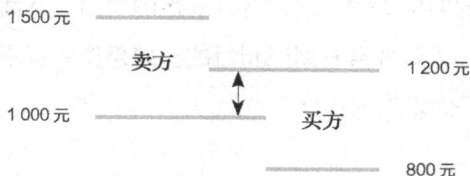

图 1.3-1　谈判双方的交集空间

买方与卖方拥有不同的预期区间，1 000~1 200 元则是双方的交集空间，尽管交集空间较小，但这就有了进行下一步的可能性。此时，双方必须具有足够的耐心，急躁的谈判者可能无法妥善处理这种局面。

双方只有经过不断的磨合与碰撞，才能在交集空间中达成一致。现实生活中，谈判双方的交集空间通常较小，这就给谈判者提出了以下 2 个明确的要求。

1. 拥有足够的耐心

通常情况下，容易心浮气躁的人不太适合做谈判类工作。

交集空间关乎谈判的走向。谈判双方必须充满耐心地"斗智斗勇"，了解彼此的期望，创造台阶，相互妥协，才能促成合作，这是谈判中非常关键的一点。

谈判桌上所谓的"耐心"，并不是简单指"涵养"与"尊重"，而是冷静地倾听对方的表达，思考对方表述的内容，不断捕捉对方的需求，并将其与自身的需求相匹配，从而找到交集空间，在恰当的时间提出合适的建议，进而与对方达成一致。

这种耐心也是很多谈判者缺乏的重要素质。他们往往渴望快速结束"战斗"，容易出现考虑不周的情况，给谈判的推进带来麻烦。

以下案例中的谈判者在谈判中表现出的耐心颇让笔者惊叹。

笔者之前在商务谈判活动中一直保持一个习惯：事先根据双方情况

设定成交点，并按这个成交点拟定合同。这样做的目的很简单，如果双方当场达成一致就能立刻签约，从而提高谈判效率。

在某次与一家日企的谈判中，笔者同样提前准备好了拟定的合同。在经过长达一天的漫长谈判后，彼此逐渐达成了共识。看到谈判进程愈发接近预期的成交点，笔者拿出了合同，并向日方代表团逐一阐述其中的条款，从第 1 条一直到第 26 条……

在这个过程中，日方代表团没有做出任何提问，一直面带微笑，并频频点头表示"明白"，这种场景反而让人感到不安。笔者开始疑惑：是否出价过高，落入了对方的陷阱？结果半小时后，日方代表团缓缓说道："柳先生您好，对于这 26 条我们有不同的看法，尤其是在这 8 个方面……"

随后，日方代表团列举出 8 个想法，而这 8 个想法几乎颠覆了合同的所有关键内容。这时候笔者才意识到，原来对方并非没有意见，而是在完整聆听笔者阐述的同时，耐心地进行记录与分析，等到笔者阐述结束后再给出完整的意见，从而给出"致命一击"。这次经历，让笔者重新理解了谈判的基础。

很多谈判者都热衷于在谈判中表现得很强势，往往对方还没把话说完，就"积极"打断对方并表达自己的意见，甚至极力进行反驳，这就导致谈判始终处于信息割裂的状态，双方都无法了解彼此的真实意图与想法，因而难以找到交集空间。

更重要的是，没有耐心的反驳，往往是一种冲动的表达，无法与谈判的整体架构相匹配，难以得到对方的理解，甚至会被视为不专业的表现。

谈判不是争论，更不是赌气，谈判需要耐心交流与沟通。即便对方意见与己方的想法相悖，谈判者也要听完对方的发言，做到"外表冷静、内心思考"，这样才能推动谈判有效进行，否则谈判就会沦为"吵架"，难以取得有效结果。

真正优秀的谈判者必须具备足够的耐心。

2. 拥有谈判的智慧

所谓"谈判的智慧"，就是相互妥协的智慧。谈判者既要选择合适的"台阶"，借坡下驴，也要抓住机会顺水推舟，从而推进谈判，达成共赢。

一个有效的方法就是提出假设性的提议，即"如果A，那么B"。

"咱们已经有了较为统一的认知，您看，您这边的价格如果再适当降低10%，我们这边也会按照合同第一时间预付货款，这样对大家都有好处，您说是吗？"

反之，如果我们只是强硬地表示"如果不降价，就不要谈了"，那么即便降低后的价格仍然处于交集空间，对方也会因为不满这种强硬的态度，拒绝降价，谈判就会陷入尴尬境地。

妥协的智慧往往在大型的谈判中更容易显现。

某一年，A供应商表示，Z企业对Y类零件的采购价格过低，已经严重影响Y类零件行业的健康发展，Y类零件供应商应该联合起来抵制低价，否则将断供。

A供应商的表态立刻引起众多Y类零件供应商的共鸣，这些供应商纷纷表示将与A供应商一起抵制Z企业的低价采购行为。但在第二天，B供应商表示，目前Y类零件的采购价格可以承受，不愿意抵制Z企业。

B供应商的这一表态，让A供应商处于较为尴尬的境地。但A供应商依然强硬地表示：Z企业严重破坏了Y类零件供应商的利益，让众多 Y 类零件供应商无法生存，一定要抵制。

两家供应商的不同表态，正是一种谈判：谁在 Z 企业的 Y 类零件供应问题上拥有最终发言权。事实上，A、B 及其他供应商都不愿意与 Z 企业发生供应矛盾，此时，谈判则是解决问题的有效途径。所以，接下来 A 供应商与 B 供应商借助谈判的智慧，为 Z 企业创造妥协的空间。

B 供应商深知，自己的表态让 A 供应商进退维谷，但自己确实不想真的与 Z 企业断绝供应关系。为了让 Z 企业的供应链及 Y 类零件的生产体系能够正常运转，B 供应商表示，可以与 A 供应商等一起跟 Z 企业谈判，不必非要抵制。

面对 B 供应商的表态，A 供应商借坡下驴，表示只要 Z 企业将 Y 类零件的采购价格稍做提升，就可以正常供应。Z 企业也乐于谈判，自然答应了这些要求，并组织众多供应商一起谈判，在满足彼此需求的前提下，大家顺利地解决了采购价格问题。

这就是谈判的智慧，双方虽然处于冲突之中，但因为有交集空间，所以不必彻底决裂。创造台阶，相互妥协，才能最终解决问题。

只有了解了谈判的 3 个基础，谈判者才能摆正心态，投入谈判。这 3 个基础直接关系到谈判的开端、走向及结果，是谈判的核心要素，谈判者必须认真对待。

1.4 谈判的 5 种策略

你在乎对方，而对方不在乎你，怎么谈判？

面对强势谈判者，你要采取什么谈判策略？又该如何推进谈判？

任何一位谈判者都应当为谈判制定相应的策略，来引导整场谈判的有序推进。

世界上没有常胜的方法，只有常胜的规律。谈判者应当根据谈判的客观情况，选择合适的策略，而不是单纯依靠某一场谈判的成功经验，只有如此，谈判者才能真正建立谈判思维。谈判策略的制定基于谈判的两个诉求支撑点：利益与关系。利益就是谈判者在本场谈判中期望实现的利益总和，关系则是谈判双方当下与未来的各种互动关系。

谈判者可以构建利益与关系的二维四象限图，如图 1.4-1 所示。

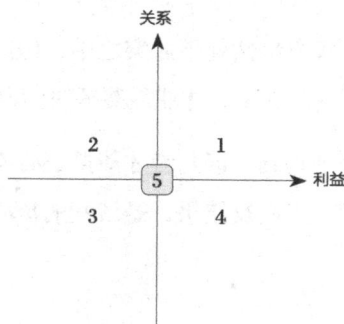

图 1.4-1　谈判策略坐标图

在图 1.4-1 所示的谈判策略坐标图中，横轴代表"利益"，向右数值不断增大，表示谈判者对利益的关注度升高，向左则表示谈判者对利益的关注度降低；纵轴代表"关系"，向上数值不断增大，表示谈判者对关系的关注度升高，向下则相反，表示谈判者对关系的关注度降低。

谈判策略坐标图实际将谈判策略划分成了 5 个区域（含原点区域），分别代表谈判的 5 种策略，如表 1.4-1 所示。

表 1.4-1　谈判的 5 种策略

纵轴	横轴		
	正向利益（>0）	负向利益（<0）	均衡利益（=0）
正向关系（>0）	双赢性谈判（1 区）	让步性谈判（2 区）	
负向关系（<0）	竞争性谈判（4 区）	回避性谈判（3 区）	
均衡关系（=0）			合作性谈判（5 区）

谈判的 5 种策略分别为双赢性谈判策略、让步性谈判策略、回避性谈判策略、竞争性谈判策略和合作性谈判策略，本节将逐一进行具体分析。

1.4.1　双赢性谈判策略

双赢性谈判策略的特征描述：既在乎利益，又在乎关系。

表 1.4-2　谈判的 5 种策略（1）

	正向利益（>0）	负向利益（<0）	均衡利益（=0）
正向关系（>0）	**双赢性谈判（1 区）**	让步性谈判（2 区）	
负向关系（<0）	竞争性谈判（4 区）	回避性谈判（3 区）	
均衡关系（=0）			合作性谈判（5 区）

从图 1.4-1 和表 1.4-2 中可以看出，1 区对应的是双赢性谈判策略，其核心是对利益与关系的双重追求，目标是使彼此利益和关系都得到进一步强化。这种谈判策略具有明显的共赢特点。

　　A 公司与 B 公司进行业务谈判。双方在谈判开始前就积极进行沟通，交换意见，并初步达成共识。在谈判开始后，尽管在部分细节上仍存在分歧，但双方依然能够保持非常良好的沟通，愿意相互交换意见，以此促成合作，并为未来的合作奠定良好的基础。

可以看到，双赢性谈判策略诠释了大部分谈判者的谈判期望，既满足了彼此的需求，又为未来的合作奠定了基础，双方是利益共同体，共同发展、共同受益。很显然，这是最令人满意的谈判结果，也能使合作关系更加牢固。

采用双赢性谈判策略的典型案例就是苹果公司与富士康的谈判。苹果公司每次升级产品，富士康都会积极地对产品生产线进行调整；而富士康的生产工艺如果出现颠覆性创新，苹果公司往往是第一批受益者。

"探寻共同利益，建立长远合作关系"，这是双赢性谈判策略的核心。双赢性谈判策略旨在寻求长远的合作之道，而不只是一次简单的利益合作。所以，在采用这种策略的谈判过程中，双方会开诚布公地交换信息，表明自身期望，认可对方需求，耐心地解决问题，从而达成共识。

当谈判者选择双赢性谈判策略时，需要明确一个重点：谈判双方之间既不是简单的竞争关系，也不是简单的合作关系，而是为了一个相同的目标共同努力的关系，协议的达成对双方而言都有非常积极的意义。谈判双方之间的关系并非"你死我活"，而是"唇亡齿寒"，因而双方都愿意主动降低部分诉求，开诚布公地解决问题，制定出满足彼此长期需求的合作方案。因为强调伙伴关系的建立，双赢性谈判策略不仅关注一次谈判的成功，更关注对未来长远合作的推动。

双赢性谈判策略的适用场景：双方都有非常强烈的合作欲望，愿意建立共赢关系。

1.4.2 让步性谈判策略

让步性谈判策略的特征描述：更在乎关系，而非利益，以建立友谊桥梁为第一目标。

表 1.4-3　谈判的 5 种策略（2）

	正向利益（＞0）	负向利益（＜0）	均衡利益（＝0）
正向关系（＞0）	双赢性谈判（1 区）	**让步性谈判（2 区）**	
负向关系（＜0）	竞争性谈判（4 区）	回避性谈判（3 区）	
均衡关系（＝0）			合作性谈判（5 区）

从图 1.4-1 和表 1.4-3 中可以看出，2 区对应的是让步性谈判策略，其核心在于更重视关系的建立，可以适当放弃利益。采用这种谈判策略，可能会使谈判者在利益上遭受一定损失，但会让彼此的关系更加稳固。

这种谈判策略在商务谈判中十分常见。

A 公司需要购入某款原料生产新产品的核心部件，这款产品对公司未来的发展至关重要。在与供应商谈判时，为了表现出自己的诚意，A 公司愿意在利益方面做出让步，但希望对方能够及时、稳定地供应优质的原料，并委派专业技术员入场指导。

通常来说，让步性谈判策略主要适用于对达成合作较为迫切的商务活动，或与在行业内拥有话语权者的谈判。谈判者只有做出一定的让步，才能与对方建立关系，为未来的合作打好基础。但是，让步性谈判策略只是以"让步"作为手段，其目的仍然是以退为进，通过"让步"与对方建立关系，进而获得更多需要的资源或利益。

所以从表面上看，让步性谈判策略似乎会让己方陷入较为被动的局面，但是基于双方良好的合作关系，己方可以在未来合作中获得更多的利益。因此，当对方处于较为强势的地位，而己方又不得不与对方合作时，让步性谈判策略就不失为一种有效的谈判策略。

让步性谈判策略的适用场景：对方处于强势地位，或己方有迫切的需求，可以承担一定程度的利益损失。

1.4.3　回避性谈判策略

回避性谈判策略的特征描述：不在乎利益，也不在乎关系，没有谈判的欲望，认为这次谈判既浪费时间又浪费人力。

从图1.4-1和表1.4-4中可以看出，3区对应的是回避性谈判策略，其与1区的双赢性谈判策略截然相反：回避性谈判策略不在乎利益与关系，采用此策略的谈判者不愿意为谈判花费时间与精力。

表1.4-4　谈判的5种策略（3）

	正向利益（＞0）	负向利益（＜0）	均衡利益（＝0）
正向关系（＞0）	双赢性谈判（1区）	让步性谈判（2区）	
负向关系（＜0）	竞争性谈判（4区）	**回避性谈判（3区）**	
均衡关系（＝0）			合作性谈判（5区）

回避性谈判策略具备典型的"反谈判"特点——不在乎是否达成共赢，彼此之间没有价值链形成的基础。采用这种策略的谈判，最终的结果往往是"不欢而散"。

回避性谈判策略的适用场景：与对方无法达成一致，或有了更好的合作对象，因而不愿意再在谈判上浪费时间。

1.4.4　竞争性谈判策略

竞争性谈判策略的特征描述：只在乎利益，不在乎关系，为了实现目的不择手段。

表1.4-5　谈判的5种策略（4）

	正向利益（＞0）	负向利益（＜0）	均衡利益（＝0）
正向关系（＞0）	双赢性谈判（1区）	让步性谈判（2区）	
负向关系（＜0）	**竞争性谈判（4区）**	回避性谈判（3区）	
均衡关系（＝0）			合作性谈判（5区）

从图 1.4-1 和表 1.4-5 中可以看出，4 区对应的是竞争性谈判策略。这一谈判策略是指谈判一方为了获得最大利益，在关键点上不妥协，不在乎彼此之间的关系，甚至与对方形成对抗的关系，寸步不让。

竞争性谈判策略是一种具有进攻性的谈判策略。采用这种策略的谈判通常具有以下 5 种特点。

（1）步步为营，尽量多占便宜。谈判者对每一个观点的阐述都是从自身需求出发，目的是尽可能为己方争取更大利益。

（2）声音较大、动作丰富。谈判者在谈判中为了争夺主动权而表现得咄咄逼人，因而往往声音较大、肢体语言丰富、精神亢奋。

（3）为维护自身利益激烈争论。谈判者很容易与对方陷入激烈的争论之中，几乎不愿在任何问题上做出让步。

（4）交流过程充满敌意。为了实现自身诉求，谈判者在交流中表现出明显的敌意，对对方的诉求表示不满，甚至直接否定。

（5）以达到目的为胜利。为了达到目的，谈判者有时会不择手段，如刻意夸大问题、威胁对方如果谈判不成未来不再合作等，以此为己方争取利益。

竞争性谈判策略是很多谈判新手的常用策略。这种策略的优点与缺点都非常明显：一方面，可以为己方争取最大的利益；另一方面，由于敌对情绪过于强烈，如果使用不当，很容易造成谈判失败。同时，因为过于忽视对关系的维护，所以很容易造成对方的不满，即便成功签订了合同，也有可能会使后期项目的推进得不到对方的配合。

竞争性谈判策略的适用场景：己方处于强势地位或具有短期交易需求，因而可以不在乎对方的感受，以争取最大利益为唯一目的。

1.4.5　合作性谈判策略

合作性谈判策略的特征描述：相互合作，彼此都做出一定妥协。

表1.4-6 谈判的5种策略（5）

	正向利益（>0）	负向利益（<0）	均衡利益（=0）
正向关系（>0）	双赢性谈判（1区）	让步性谈判（2区）	
负向关系（<0）	竞争性谈判（4区）	回避性谈判（3区）	
均衡关系（=0）			合作性谈判（5区）

从图1.4-1和表1.4-6中可以看出，5区对应的是合作性谈判策略。合作性谈判策略的核心在于：既关注利益，也关注关系，但对二者的追求都不会表现得过分强烈。谈判双方都有各自的目的，存在交集空间，在争取自身利益的同时也会认可对方的诉求，但建立的合作关系不如采用双赢性谈判策略建立的合作关系牢固。

通常来说，对利益与关系的追求表现得都不强烈的合作性谈判策略，主要适用于中短期合作谈判场景。双方会合理开价，在公平的基础上就问题展开讨论，都愿意做出让步以换取对方的妥协。双方都有较为明确的需求，因而一旦达成目的会很快签约。采用这种策略的谈判，往往具有以下3个特点。

（1）增进互信、寻找交集空间以解决问题。双方在谈判刚开始时，就会不断交换信息、确认诉求，以增进互信，确保问题清晰、诉求清晰。

（2）耐心、积极澄清问题。谈判过程中，谈判者用一种较为平和的态度进行交流，如果发现对方在某个环节的认知出现偏差，则会耐心说明，尽可能将谈判拉回正轨，而不会纠结于某个细节。

（3）认真倾听需求，寻找双方共同的关注点。即便双方在某个问题上发生分歧，谈判者也可以做到认真倾听，不轻易打断对方，而是从对方的话语中寻找彼此共同关注的焦点，并对此进行说明，以达成共识。

使用合作性谈判策略时，谈判双方处于较为平等的地位，因而都比较注重礼节，会为了促成合作而积极回应，以取得对彼此而言都较为合理的结果。

合作性谈判策略的适用场景：非必要性谈判，双方地位较为平等，交集空间较为明显。

为了让大家理解这 5 种策略的适用场景，下面结合卡拉杰克模型与供应商感知模型来进行讲解。

1. 卡拉杰克模型

卡拉杰克模型的横轴为供应风险，涵盖供应市场复杂性、技术创新、物流成本和供给垄断等市场条件；纵轴为收益影响，表现为采购项目在产品增值、原材料总成本、产品收益等方面的战略重要性。

在供应风险与收益影响的作用下，卡拉杰克模型将采购项目分为 4 个类别，如图 1.4-2 所示。

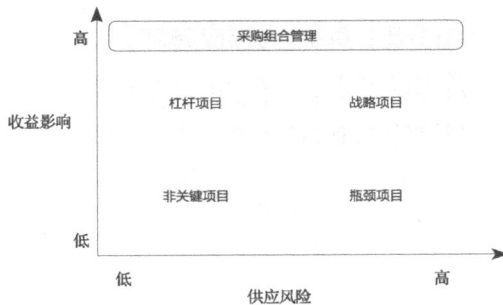

图1.4-2　卡拉杰克模型

2. 供应商感知模型

供应商感知模型又称供应商感知定位模型，简而言之就是供应商怎么看待采购商的分析模型，是采购与供应商管理中一个重要模型。

利用这个模型，企业可以进行"角色互换"，站在供应商的角度看待采购项目，对供应商的积极性形成更加清楚的认识，从而知己知彼。

供应商感知模型一般以矩阵形式来表示，如图 1.4-3 所示。

图 1.4-3　供应商感知模型

供应商感知模型的横轴为业务价值，或称采购价值，指某个采购项目费用占供应商销售总额的百分比；纵轴为吸引力水平，指采购项目中具有吸引力的非货币因素表现出的低中高程度，其中的因素包括战略一致性、财务稳定性、往来便利性、未来发展或间接利益等因素。基于这些因素，供应商可能会弱化对业务价值的考量。

3. 策略框架

卡拉杰克模型：可将采购项目分成 4 种类型。

供应商感知模型：可将供应商感知分成 4 种类型。

当两个模型融合在一起时，就出现了可分为 16 种类型的策略框架，如图 1.4-4 所示。

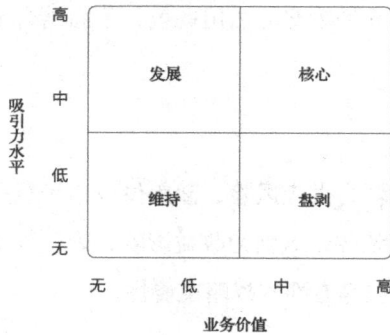

图 1.4-4　策略框架

在商业谈判中，清楚己方的谈判诉求，并且了解对方的实力十分重要，前述策略框架可总结为以下策略，如图 1.4-5 所示。

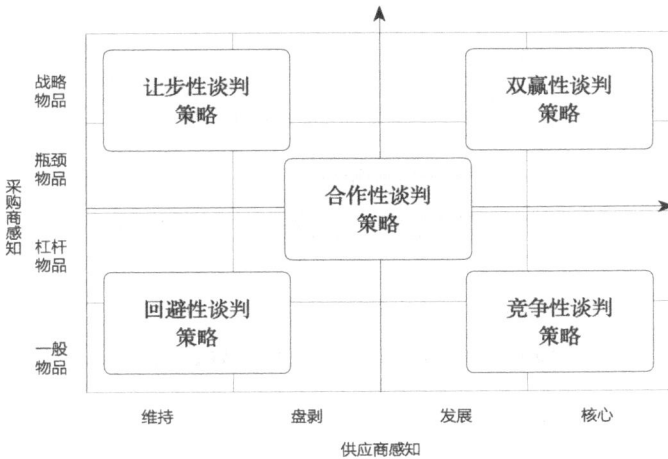

图 1.4-5 采购谈判策略

在这 5 种谈判策略中，双赢性谈判策略、合作性谈判策略、竞争性谈判策略较为常见。这 3 种常见的谈判策略的主要特点如图 1.4-6 所示。

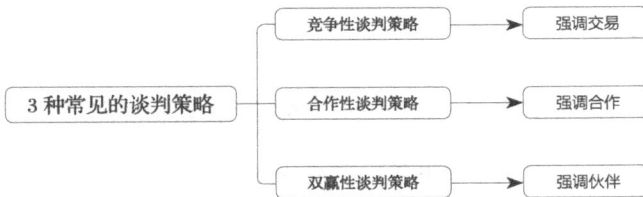

图 1.4-6 3 种常见的谈判策略的主要特点

图 1.4-7 所示为达成共赢需要的条件。如今追求共赢已经成为商务谈判的常态。而为达成共赢，谈判者需要根据自身需求、对方需求，在谈判开始前制定出相应的策略。

谈判者只有认清自身需求，在谈判中了解对方需求，才能找到解决之道。

共赢

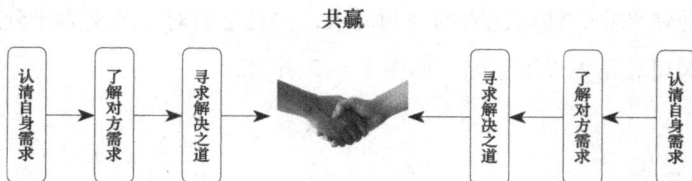

图1.4-7 达成共赢需要的条件

特别需要注意的是：策略一旦确定就不要轻易改变，否则谈判者容易产生逻辑混乱，反而让谈判陷入不利的局面，除非谈判者要重构整场谈判。

某对夫妻经常吵架，妻子在一顿哭闹之后，通常会一个人回娘家。

一周之后，丈夫去老丈人家认错并接回妻子。丈夫去老丈人家之前在想：今天必须跟妻子进行"谈判"，谈判的策略就是"让步"，说都是自己的错，让妻子有一个台阶下。

于是，丈夫来到老丈人家跟妻子沟通，结果，他三句话不和就拍桌子，怒斥妻子。其结果可想而知：丈夫最终一个人回家了……

这就是典型的谈判策略"制定"与"执行"的逻辑混乱。

丈夫既然已经确定要"让步"，就应当承认错误，而拍桌子的举动，却让谈判策略由"让步"变为"竞争"，完全背离了初衷。关键时刻的逻辑混乱，不仅无法推动合作达成，反而会让自身利益受到损害。

当然，谈判策略并非一成不变的，谈判者发现重构谈判对己方更加有利时，自然应当改变策略。

当厘清谈判中的逻辑后，谈判者就能够更好地应对商务谈判。

小李曾经是一家公司的谈判代表，某一年负责与B公司进行商务谈判。最初，小李认为应当以建立关系为重，因而采取让步性谈判策略与对方谈判，对对方的开价并没有做太多反驳，以期获得对方的好感。这样的谈判策略使得谈判进程迅速推进，对方很快表示可以进入签约阶段。这时候，小李意识到自己做出的让步过大，于是表示："这个价格我不能做主，如果不能做出调整，我就得请示领导是否能够签约。"

B公司尽管对此表示不满，但还是耐心地接受了小李的解释，并对价格做出了一定调整。但在这时，小李忽然意识到：这是自己的第一次谈判，如果没有拿到非常有优势的价格，自己回到公司后可能会被责骂，甚至绩效也会因此受到影响。于是，小李立刻变得强硬起来："不行，这个价格完全不行，我看你们必须再次核算。"

结果，这种不断变化的态度激起了对方的强烈不满，对方认为小李根本不尊重谈判，决定终止谈判。无论小李如何挽回，这场谈判都因此以失败告终，B公司也宣称今后不会再考虑与小李所在的公司合作。

小李将谈判策略从让步性谈判策略变为合作性谈判策略，又改为竞争性谈判策略，最终让B公司失去了耐心与信心。

这就是轻易改变谈判策略造成的后果。谈判策略是谈判的方针与战略，它决定了谈判的节奏、方式和技巧。如果谈判者不确定采用何种谈判策略，就很容易让自己没有谈判思路，说出自相矛盾的话语，进而如小李一般因不断变化的态度引起对方的不满甚至愤怒。所以，谈判者一旦确定谈判策略，就不要轻易做出改变。

不过，当谈判者需要重构谈判时，如己方需求发生明显改变，或是出现更好的合作对象等，则可以改变谈判策略。谈判者在谈判前需要明确自身需求，并为此制定完善的谈判策略，然后严格遵循谈判策略开展谈判活动，这是在谈判中应当遵循的原则。

1.5 谈判的形式

谈判的具体形式多种多样，如电话谈判、面对面谈判、跨国谈判等。但究其本质，谈判的形式主要分为两种：拉锯式谈判与原则性谈判。这两种谈判的特点不同，效果及适用情况也有一定区别。

1.5.1 拉锯式谈判

拉锯式谈判，顾名思义，这种谈判的双方会针对某个主题反复进行讨论，各持立场，己进彼退，双方通过不断进行交流，最终达成一致。

当我方与供应商就产品质量、数量问题已经达成一致，但仍需在价格上反复进行讨论时，我方提出 200 元的报价，对方表示该报价无法覆盖成本，报价不能低于 300 元；我方表示价格过高，将报价提至 240 元，对方依然不同意，表示最低报价为 280 元；我方再次提出 260 元是可接受的最低价格，对方表示最低 270 元。双方在 10 元、5 元的问题上不断交流。

上述案例中，谈判双方就价格问题不断进行讨论与让步，由于双方每次报价都不一样，因而很难快速达成统一意见，需要进行多轮出价，这就是典型的拉锯式谈判。其特点非常明显，具体如下。

① 在成交前，能否成交，永远是个未知数。

② 在成交前，成交价是多少，也永远是个未知数。

针对细节问题进行拉锯式谈判，关键是因为彼此之间互不信任。由于缺乏信任，谈判双方各自守住一块阵地，不断抛出诱饵试探对方的反应：如果对方表现出兴奋，就停止抛饵；如果对方还是不满，则继续抛饵。整场谈判的节奏看似掌握在己方手中，其实完全受对方感受的影响，因此拉锯式谈判具有较大的风险。这种拉锯式谈判的形式，若用于与长期合作伙伴的谈判中，容易导致双方信任度下降。

综上所述，拉锯式谈判往往意味着双方都有所保留、警惕性较高，在初次合作的谈判双方中最为常见。

拉锯式谈判是谈判桌上常见的一种谈判形式，这种谈判形式还有两种细分类型——软磨和硬泡。这两种类型的谈判形式的目的都是让对方做出妥协。

1. 软磨

软磨要求将对方视为"朋友"，其侧重点是"感情"，即从感情的角度出发不断试探对方。

为了更好地理解软磨，我们可以从生活中的案例着手。

两位多年未见的大学同学，终于在其中一位同学所在的城市相聚了。当地同学自然需要尽地主之谊，双方推杯换盏、渐生醉意。此时当地同学为远道而来的老同学满上了一杯酒。

"老同学，咱们多少年没见面了，今天一定要喝好！"

"今天喝多了，不……能……再喝了。"远道而来的老同学的话中透露出一点隐隐的醉意。

当地同学端起酒杯，缓缓走到老同学面前，饱含深情地说："老同学，想当年咱们住在一个宿舍，结果一毕业就各奔东西，这一别就是

10来年……"于是，两人回忆起曾经的点点滴滴，感叹岁月蹉跎。

最后，当地同学做总结性发言："为了多年后的重逢，为了过这么多年后还能一起喝酒，为了多年的友谊，为了10多年后给你倒的这杯酒……来，咱俩无论如何，都应该把这杯酒干了！"

远道而来的老同学被这番话中的热情所感染，毫不犹豫地端起了酒杯。

这就是典型的软磨——从感情的角度推进谈判，从而争取让对方做出妥协（此处仅为举例说明，生活中应以健康为重，并不推荐）。这种谈判形式在商务谈判中非常常见。

"咱们也不是第一次合作了，凭借咱们长期的合作关系以及对你为人的了解，我想你这次在价格上肯定会给我一些优惠！"

"通过上次的合作，感觉你为人正直爽快，我就喜欢跟你这种性格的人合作。这次合作也希望得到你的帮助啊！"

……

此类案例都是利用己方与对方之间的感情，通过软磨的方式打动对方，以达到目的。此类谈判形式尤其适用于初次商务谈判，在此背景下，双方感情不深，对彼此的信任度有限，但是这种谈判形式却能迅速拉近双方之间的距离，使双方对彼此有一个较为完整的了解。

2. 硬泡

与软磨相对的，则是硬泡。软磨侧重于感情，硬泡则侧重于筹码。这种谈判形式常见于生活场景当中。

"这件事不定下来，谁也不能走！"

"这个忙不帮，就不够朋友！"

而在商务谈判中，硬泡则需要有足够的筹码。

"如果你方不同意这个价格，我方可能就要换供应商了。"

"今天必须给我方一个明确的答复，否则我只能如实向领导汇报情况。"

……

使用硬泡的一个重要基础就是有足够的筹码，如更换供应商、用领导施压等。只有如此，谈判者才能采用较为强硬的方式表达意见。通常来说，硬泡会提升效率，因为己方强硬的态度可以逼迫对方快速做出抉择。但是，如果态度过于强硬，则可能损害合作关系，导致双方的长期合作存在隐患。

1.5.2 原则性谈判

原则性谈判又称理性谈判，这种谈判形式体现为谈判双方秉承利益共享、互惠互利的原则，探寻最可能的双赢合作方案。其具有以下 4 个特点。

1. 人事分离

简单地讲，人事分离就是对事不对人，将人跟事分开看待。这样可以避免将感情与工作混淆，否则，谈判者就可能陷入感情的泥沼，被对方牵着鼻子走。

笔者对某次谈判的印象至今还很深刻。

那是一次艰苦的谈判，经过一天的沟通，双方仍然在很多问题上无法统一意见。此时，由于身体疲惫、脑袋昏沉，双方已无法进行良好沟通，于是笔者提出中场休息。我们从谈判室（会议室）鱼贯而出，几位谈判者迫不及待地去了吸烟室。笔者则一个人在写字楼大堂闲逛，这时对方的一位谈判者跑过来寒暄，不过几句，他突然说道："我很讨厌你们的陈主任，谈判时特别强势。"

对大多数人来说，听到这句话的时候，第一反应会是什么？是愤怒、开心，还是不解，想了解其意图？

说实话，笔者听后，第一反应是开心。

为什么？因为对方的这位谈判者不专业！在谈判中不专业会非常吃亏。

他为何讨厌陈主任？原因很简单，正如他所说，陈主任"特别强势"，而这其实是因为我们团队分工不同。谈判中有角色之分，无论陈主任本身性格如何，他在这场谈判中扮演的是强势角色，所以陈主任需要表现得特别强势。其实，换李主任、徐主任等都一样，这只是谈判策略的需要。

当谈判者的情绪受到对方谈判策略的影响而产生波动时，谈判者就容易在谈判中出现纰漏。

从心理学的角度来说，当一个人无法驾驭自己的情绪时，他的逻辑思维能力会急剧下降，这样一来，他很快就会落入对方的"情绪陷阱"，被对方牵着鼻子走，最终在谈判中无法争取到足够的利益。由此可见，在谈判中，谈判者需将对方看作利益的主张者，以此有效控制自己的情绪。

2. 关注利益

关注利益，而非立场，更非面子。

在这一点上恰恰有很多谈判者常犯错误。他们在谈判初期只谈"利益"，随着谈判的推进，在利益争夺中，他们开始变得针锋相对，将谈判看作两种"立场"的竞争，以为自己如果无法在言语上击倒对方就会失了"面子"。

笔者的一名学员小董，就分享过类似的经历。

某一年，小董代表企业与另一家企业展开谈判。谈判过程中，对方针对他的阐述进行反驳，他并没有想着做出进一步解释，而是认为自己的面子受到伤害，于是在对方表达期间，他忽然拍桌子站了起来："我是这个行业的专家，难道你比我还懂？"

对方显然没有料到他会生气，不免也有些愤怒："你这是什么意思？你是来谈判的吗？"

小董说："我觉得你说得不对！我必须纠正你！"

……

这场谈判自然无法再继续进行。当小董气愤地说起这件事时，笔者反问他："谈判的目的是什么？是保住自己的面子吗？谈判究竟是为了什么？"那时，小董才意识到当时太冲动了。

这是很多谈判新手都容易犯的错：关注立场，关注面子，却忽视利益。然而，谈判的最终目的就是为己方争取最大利益。过于关注立场和面子，而不关注利益，不仅会使己方利益受损，甚至会导致谈判失败。

一些谈判新手往往会陷入这样的误区。5个小时的谈判中，仅半小时在谈论与利益相关的问题，剩下的时间都纠结于立场和面子的问题，如"这个人太不给我们面子""怎么能这样讲话""待会儿一定找机会找回面子"，结果导致谈判效率极低，耗费了大量的时间却收益有限。

在谈判中，一定要记住一点：关注利益。

谈判本来就是通过沟通以达成共识的过程。谈判者应当将力量集中于本次谈判的核心，并就此进行深入而广泛的讨论；并坚持客观的评价标准，始终保持情绪的稳定，尽可能用数据、行业趋势等客观要素切入谈判。这样更容易让谈判直入主题，促成交易。

有一年，笔者代表某企业进行谈判。对方是一家寡头垄断企业（非完全垄断），谈判态度明显有些傲慢，其既不愿切入谈判的关键内容，又在价格问题上表现得非常强势。

面对对方轻浮的言语、夸张的情绪，我方并没有因此而选择不友好的方式，而是始终关注企业利益，在对方发言结束后表示："贵企业的确实力雄厚，这一点我们在此前也进行了详细的调查。数据显示，之前贵企业与其他两家企业的合作价格分别是××元与××元，我想这是咱们谈判的关键。相比而言，我们的采购量更大，长远来看我们也更有发展空间。我们带着合作的诚意而来，也希望带着合理的价格回去。"

谈判室内平静得出奇，对方显然没有料到我方的心态如此平稳，更没有想到我方做了非常完善的前期调查，因而变得认真、友好起来，不再像刚才那样"傲慢"。终于，谈判由此进入正轨，在一番磋商之后，我们得以顺利签约。

如果谈判者在面对强势的谈判对手时，忽视了利益，在面子或立场上纠缠不清，这样不仅无法推进谈判，反而会使自己被对方轻视。只有采用以理服人的谈判态度，专注于利益，才能有效化解这种尴尬局面。这就是原则性谈判的核心：在谈判中不夹杂过多个人感情，强调双方的利益，以客观、公平的标准寻找彼此都能接受的共赢方案。这样才有助于谈判的有效推进。

【问题】

一名乘客在旅行途中遇到航班无故延误，想要向航空公司索赔，但航空公司代表却表现出敷衍的态度。乘客因此大发雷霆，扬言要起诉，而航空公司的回应则是"法庭上见"。

这场谈判中，谁赢谁输？

【问题探讨】

答案是双输。

评价谈判的结果是赢是输，依据是双方的利益诉求是否都被满足。只有当双方的利益诉求都得到满足时，才可谓之赢。

因此，解决这个问题的关键就是分析双方的利益诉求。该案例中，这名乘客的利益诉求是得到赔偿；而航空公司的利益诉求则是希望自身的服务获得客户认可并形成良好口碑，进而获取更多客户。

由此出发，无论法院如何判决，双方的利益诉求无法同时得到满足，故结果为双输。

从航空公司的利益诉求来看，无论法院如何判决，无故延误且敷衍乘客的做法，必然会对其品牌价值造成损害。客户的流失与认可度的下降，会给航空公司带来非常大的负面影响。而这原本只需航空公司按规定与乘客协商赔偿问题就可以避免。

从乘客的利益诉求来看，起诉必然需要耗费大量的时间与诉讼费用，而如果乘客在初期就耐心与航空公司沟通，而非一怒之下发出起诉威胁，问题可能就会得到更好的解决。

这就是典型的双输，即双方的利益诉求都没有得到满足。这是我们在谈判中应当尽力避免的情况。

3. 互惠互利与创新

父亲买了一个柚子，回到家后，18 岁的女儿和 8 岁的儿子都想要这个柚子。为了公平，父亲将柚子分为两半分给孩子。结果，女儿只想要柚子皮做化妆品，因此将果肉全部扔掉；儿子则只想吃果肉，因此将柚子皮全部扔掉。

这个案例的结果看似是双赢——儿女的利益诉求都得到了满足，但由于造成了资源的极大浪费，它同样是典型的双输。父亲在并未深入了解双方需求的情况下，就做出自以为公平的判断，却使一半的柚子被浪费，所以这个案例的结果看似是双赢，实则是双输。这也是很多谈判者容易忽略的地方。

谈判，一定要知道对方需要什么，还要知道己方该如何满足对方的需求。

如果父亲先了解儿女各自的需求，然后根据他们的需求，将柚子皮全部给女儿、果肉全部给儿子，就可以最大限度地满足儿女各自的利益诉求，进行互惠互利的资源配置，从而使儿女实现双赢。

第二天，父亲又买了一个柚子，回到家后 18 岁的女儿和 8 岁的儿子又都想要这个柚子。父亲先问女儿："你要什么？"

女儿说："昨天没有吃柚子肉，今天想吃。"

他又转头问儿子："你要什么？"

儿子回答："我还是要柚子肉。"

此刻，父亲做了一个决定，他把柚子肉放在桌子中间，让姐弟俩谈判一次。于是姐弟俩的双眼都盯着中间的柚子肉。

姐姐打出"亲情牌"："弟弟，昨天我都没有吃柚子肉，今天我特想吃，你听说过孔融让梨的故事吗？"

弟弟立马说话了："你是姐姐，应该爱护我这个弟弟，所以你应该把柚子肉让给我啊。"

看到"亲情牌"不奏效，姐姐继续出招："我的足球你不是一直想玩吗？要不这样，如果你把柚子肉让给我，我就把足球借给你玩两个星期，并且你可以把足球带到学校去玩。"

弟弟听完眼睛一亮："姐姐，我的手风琴你也一直想玩，如果你把足球和柚子肉全部给我，我就把手风琴借给你玩两个星期，如何？"

姐姐说："成交！"

借助这一生活中的生动案例，我们能够更好地理解原则性谈判的互惠互利与创新特点。谈判双方如果都以自身利益为核心，就容易在利益问题上针锋相对、互不妥协，谈判难免陷入僵局，所以双方需要寻找新的交集空间。追求互惠互利与创新，可帮助谈判双方开拓合作边界，进而创造更大的价值。

为此，我们可以将谈判中的所有项目分成两种："想要"和"需要"。谈判中，每个人都有"想要"，但不可能全部得到，因此，谈判者只有牺牲自己的"想要"，来换取自己的"需要"，这样方可各取所"需"。这是普遍使用的谈判方式。

为了有效地进行谈判，谈判者必须创造更多的"想要"，用以交换自己的"需要"。谈判需要智慧与创新思维，谈判者需要创造更多的交换筹码，扩大合作边界，从而打通合作瓶颈并打破僵局。

4. 坚持客观的标准

谈判的目的是合作，通过获得对方认可达成共赢。但由于利益配置的交叉，谈判双方势必存在分歧。想要解决分歧，谈判者就需要坚持按客观标准解决问题，这样才能有效推进谈判。

"解决问题的合作者"才是谈判者应有的角色定位。谈判者应当竭力寻求双方利益上的共同点，在此基础上设计出使双方各有所获的方案，而不是将另一方单纯当作竞争对手。

1.5.3　谈判的 5 个特点

谈判学是一门涉及经济学、社会学、心理学等学科的知识，兼顾沟通与博弈技巧的综合性应用学科。谈判中的所有技巧与方法都应当服务于价值诉求与合作目的。如果谈判者忽视谈判的价值与目的，单纯套用某个公式进行谈判，这样的谈判过程势必荆棘重重。对此，谈判者应当抓住谈判的特点，制定出更具针对性的解决方案。

具体来说，谈判具有以下 5 个特点。

1. 谈判是一场耐性与智慧的马拉松

成功的谈判不是某一方单纯追求自身利益的过程，而是双方不断调整各自需求并相互妥协，最终达成一致的过程。因此，谈判者需要有足够的耐性与智慧。

换言之，谈判不是一方想方设法压倒另一方，进而取得"成功"或赢得"面子"；而是双方通过友好交流，逐渐达成共识，签订协议，实现共赢。

在燃油车快速发展时期，虽然中国的汽车产业不是十分成熟，但在与美国、日本、德国等国家的车企合作时，中方并非一味退缩，外资企业也难以拥有绝对的话语权。在以合作为目的的谈判中，如上汽、广汽等中国企业，会与外资企业进行多维度的交流，如外资企业提供怎样的技术、获得多少股权，而中方企业出资多少、打开多少市场等，具体包括股份、商务、技术、市场与未来发展等方面的一系列问题。双方经过持续交流，最终达成一致。

在以合作为目的的谈判中，双方会尽可能维持谈判的公平，为未来的进一步合作奠定基础。所以，此类谈判往往耗时较长、过程较为复杂，双方会持续解决分歧，但又可能不断陷入僵局。这也对谈判者提出了重要的素质要求：有耐性与智慧。

2. 合作与冲突共存

双方价值诉求的差异会影响谈判的漫长性与复杂性，使得谈判过程不会一帆风顺，合作与矛盾会在不同阶段不断转换。谈判不是"合作"与"冲突"的相互对立，而是"合作"与"冲突"的矛盾统一。

例如，当谈判双方就产品品质问题达成一致时，双方处于"合作状态"，会迅速敲定细节部分，进入下一阶段；而到了价格阶段，由于彼此存在认知上的不同，僵局出现，双方处于"冲突状态"；顺利打破僵局后，双方又会进入"合作状态"……在不断的沟通中，双方意见最终达成一致。图 1.5-1 所示为合作与冲突的动态变化。

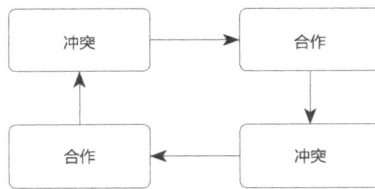

图 1.5-1　合作与冲突的动态变化

只有认识到这一点，我们才能正确看待谈判中的冲突，保持理智，而不是在遇到冲突时情绪失控，造成无法调和的矛盾。针对冲突时产生的摩擦，双方可以通过交流有效化解；但如果双方陷入无法调和的矛盾，就只能暂停谈判，重新评估。

3. 谈判并不是一味"贪婪"

很多人认为，谈判的唯一目的是尽可能地为己方争取利益，力求获得达到甚至超出己方预期的利益。这是对共赢的忽视，也是很多谈判新手对谈判的误解。如果谈判的局面成为强势一方一味索取，弱势一方毫无招架之力，那么即便勉强签订合同，在执行阶段可能也会出现各种不可预知的问题。

谈判不是无限制地追求己方的利益，而是在一定范围内追求利益。

夏普与供应商谈判时往往过于强势，即使在业绩下滑后，其依然对供应商采取"压榨"的手段，极大地压缩供应商的利润空间，这引发了众多供应商的不满。最终，越来越多的供应商选择放弃与夏普合作，夏普也无法挽回颓势，最终被鸿海集团收购。

综上所述，在谈判过程中，我们要争取自身利益，但不可无限制地满足自身需求、忽视对方需求。共赢是谈判的核心，能使双方都满足利益需求的谈判，才是有效的谈判。

4. 谈判有独特的价值评判标准

一场谈判成功与否，其评判标准不是某一方是否达到预期目标，而是基于综合方面的价值高低。谈判的独特价值评判标准既包括谈判双方的情绪、最终签订的合同内容，同时也包括合同执行过程中的工作效率、质量，以及合作最终产生的价值等。

有很多谈判者，甚至包括某些经验丰富的谈判高手，都会将己方在谈判中获得的利益作为谈判效果的评判标准。这是一种狭隘的评判标准，甚至是有害的评判标准——只看到谈判桌上的利益，却忽视了双方真诚合作带来的长远利益。

对谈判效果的评判，应当从以下3个标准出发。

（1）是否达到预期目标。达到预期目标是谈判成功的基础。如果谈判结果距离预期目标过远，那么谈判也算不上成功。

（2）成本是否合理。谈判需要耗费一定成本，包括前期准备的时间成本、人力成本，以及交通费用、通信费用等各种费用，还有其他社会资源成本等。

一场持续时间颇长、成本较高的谈判，即便最终达到了预期目标，也可能因为谈判成本较高，导致得不偿失，其同样不是一场成功的谈判。

（3）人际关系是否得到维护。谈判是企业之间的利益博弈，其执行却很大程度上依靠人与人之间的交流，因此，对人际关系的维护，会影响谈判的效果。

如果谈判者为了达到预期目标，而与对方产生较大摩擦，那双方即使达成一次合作，未来再次合作的可能性也非常低。这也不是成功的谈判。成功的谈判应当能推动彼此建立友好的合作关系，有助于未来合作的进一步展开。

5. 不能单纯强调"科学性"

谈判是统一彼此意见的过程。在这个过程中，谈判者不仅需要罗列各类客观数据，还需要借助友好的交流方式，与对方建立情感连接。这就是谈判的"理性与感性相统一"。

一些知识储备丰富、数据准备全面的谈判者，看似专业，却往往难以取得较好的谈判效果，其原因就是他们过于注重"科学性"，忽视了人与人之间的情感交流。

小邓是一名态度认真、注重细节的谈判者。有一年，他代表公司与一家合作商进行谈判，并为此制作了完整且详细的数据报告，有理有据地与对方进行交流，对方也很认同他的利益诉求。然而，就在小邓准备与对方签约时，对方却选择了放弃。

后来小邓才得知，在自己发言结束后，对方原本想要做一定的补充，自己却并没有意识到这一点，而是站起来说"我觉得这次谈判可以进入签约阶段了，咱们既然都达到了各自的目的，也就没有必要再多说什么了，接下来将由我的助手负责签约事项"，然后严肃地起身离开。这一举动，让对方感觉受到了侮辱，因此，对方即使认同谈判内容，也依然不愿签约。

记住，不被尊重也可能是对方拒绝签约的原因。

　　客观的"科学性"会为谈判者塑造专业、认真的形象；抽象的"艺术性"则能传递情感，更容易打动对方。谈判者必须注意自己的言辞、关注对方的情绪变化，让谈判有温度，然后在这个基础上展现专业能力。唯有感性与理性结合，才能真正推动谈判取得成功。

第 2 章

谈判的变数：权力、时间、情报

　　谈判桌上风云变幻，随时都有可能出现变数，优势或劣势也可能发生改变，原本设定好的计划同样可能被打乱。只有掌握谈判的变数，如权力、时间、情报等，维护乃至重构自己的"筹码"，才能始终掌握谈判主动权。但具体应该如何掌握这些变数、如何扭转地位，则是很多谈判者共同的困惑。

2.1 权力：借力用力

筹码是谈判的要件，也是谈判的价值要素。

没有筹码，就无法展开谈判。一方不断提出条件而另一方无条件接受，这是不对等的谈判。严格来说，这不是谈判，更像是下达命令。

谈判者需要在谈判前明确己方需求，并分析双方的优劣势，从而确定手中的筹码，做到胸有成竹。如果没有经过客观的对比分析，谈判者在谈判中就很容易露怯，认为自己没有筹码，因而不由自主地"仰视"对方，甚至被对方牵着鼻子走。

这里的筹码其实就是权力（此处不指公权力）。那么，谈判者该如何增加自己的筹码，掌握谈判的主动权呢？这就需要谈判者学会"借力用力"。

请问某位艺人的"偶像光环"，是与生俱来的吗？

答案是否定的。这其实是粉丝赋予其的权力。如果失去了粉丝的支持，这位艺人就只是一名普通人，但随着粉丝数量的不断增加，他的"偶像光环"不断扩大，他的权力也更大。

很多人认为粉丝的这种权力让渡行为很"傻"，但在谈判桌上，此类事件也常常发生。很多时候，谈判对手并没有那么多的筹码和优势，但有些谈判者因为自身露怯，而"赋予"对方各种"权力"，在谈判中自缚手脚、无法施展才能，最终将谈判主动权拱手相让。

所以，谈判桌上的权力，并不是我们通常理解的公权力，而是主观上的心理筹码，是一种非客观、非理性的想法。这种想法直接影响谈判者的心理状况，进而影响谈判者的气势，从而决定了谈判主动权的归属。

有一天，你漫不经心地走在街上，一位老太太从你身边走过，你并没有特别注意她。但她刚走过，你就听到别人议论："这位老太太你不认识？她就是那位知名的科学家啊。"

此刻，当你回头望向那位远去的老太太时，她的背影似乎染上了一层光辉，你的眼中自然地流露出了崇拜之情。

谈判者无法正视自身的能力时，就容易在心理上陷入劣势，不断赋予对方一种正面的"光辉"。在谈判中，这种"光辉"必然会影响谈判者的决策。然而，这种心理变化在很多时候都是悄无声息的。

这在心理学上称作"光环效应"，又称"晕轮效应"，是一种影响人际知觉的因素。"晕轮效应"是一种在人际交往中对人的心理影响很大的认知障碍。谈判新手在谈判中要尽量避免"晕轮效应"，谈判高手则应学会利用"晕轮效应"为自己增加心理筹码。

环绕地球一周的麦哲伦之所以能够成功获得西班牙国王的帮助，就是因为他利用了"晕轮效应"。

当时，由于哥伦布航海的巨大成功，许多投机者或骗子为求得航海资助而频繁出入王宫。麦哲伦为表明自己与这些人不同，在觐见国王时特地邀请了著名的地理学家路易·帕雷伊洛同往。

帕雷伊洛将地图摆在国王面前，历数麦哲伦航海的必要性及潜在的巨大收益，终于说服国王为其颁发航海许可证。但其实，直到麦哲伦结束航海后，人们才发现他地理知识的匮乏，甚至他计算的经度和纬度都存在诸多偏差。

然而，在最初的谈判中，麦哲伦利用帕雷伊洛引发的专家"晕轮效应"，使他的建议听起来值得信赖，从而帮助他争取到了国王的资助。

专家的身份同样是一种权力，这往往会使谈判者更容易获得信任与认可。

小郭曾经是一家企业的谈判者，在刚接触这一职位时他很谨慎，也缺乏自信。某一次，他代表公司与 A 企业进行谈判，对方派出的谈判者是该企业的创意总监。小郭经过调查发现，这位总监已经入行 20 年，是一位不折不扣的行业专家，所以内心难免有些紧张。谈判伊始，小郭就将对方看作老师，而对方的谈吐也颇具专业性，因此小郭总是被对方牵着鼻子走，最终以一个不甚合理的高价签约。后来他才知道：其实对方预期的报价比合同价格要低很多，但自己的举动，让对方获得了谈判的主动权，结果对方不用让步便完成了签约。

当小郭讲述这件事时，笔者问他："为什么会不自信？"

小郭回答："因为我是新人，他是前辈。"

后来笔者跟小郭讲授了谈判"权力"的应用后，小郭才醒悟过来："要想掌握谈判的主动权，应先从内心剥离这种先入为主的权力观，然后尽可能让对方赋予自己权力。"

只有巧妙运用借力用力的策略，为自己增加筹码，谈判者才能让变数为自己所用，从而获得先机，掌握谈判的主动权。

在谈判中，谈判者可以利用一切可以利用的"晕轮效应"。

权力的赋予与塑造，在很大程度上是一种心理作用。谈判者应当练就坚定的心智。但有些谈判者也经常会疑惑："对方凭什么要赋予我权力？我该如何获取权力？谈判中的权力究竟是什么？"

谈判中的权力其实是一种积极、正面、健康的"能量"。简单来说，有了这种权力，当我方阐述意见或提出建议时，对方一般都会认真聆听，且表示肯定；而对方在表达想法时，则会充分考量我方的需求。

随着这种"能量"的正向加持，谈判者的权力会不断变大，进而深刻影响对方决策，使谈判结果更加符合我方预期。

而要掌控这种权力，谈判者需要借助各种手段让对方认同我方，如先例、完成某项高难度项目的过程、实力等。尤其是先例的权力，其作为一种特殊权力，会让对方对我方产生认同，增强我方的话语权。

"我们公司和行业排名前三的企业都有过深度合作，相信这一点贵公司一定也有所了解。在这个领域，我们已经积累了非常丰富的经验。"

"我们的产品已经获得了世界组织的认证，且是全国第一个获得认证的。所以，我们的价格的确比市场价高一些，但这是品质和口碑的保证，相信您理解这一点。"

"在方案书中您已经看到，为了与贵公司的这次合作，我们抽调了公司最核心的精英人才，这是其他公司很少能享受到的待遇。我相信您清楚，这几位人才在行业中的地位。"

......

以上这些场景，都是权力的应用。权力的意义就在于增加我们的谈判筹码，进而推进预期目标的实现，增强我们的谈判主动权。权力越大，筹码越多。

2.1.1　先例的权力

先例的权力是谈判中非常重要的"特殊权力"，它脱胎于法律中的"遵循先例原则"。"遵循先例原则"的基本含义是：以前判决中使用的法律原则对以后的同类案件具有约束力。在谈判中，先例的权力的内涵则为：过去谈判的决定，对以后相似的谈判具有重要参考价值。

在谈判中，当谈判对手给出的合作条件，与之前一系列合作的条件存在明显差异时，我们就可以运用这一特殊权力，尽可能将对方的期望拉回正常值。尤其当我们处于优势地位时，应用先例的权力，既能够有效拒绝对方，同时也不会造成尴尬。

"真的不好意思，我们之前没有过先例，这个条件完全不符合我们的标准，甚至和我们的企业文化相悖。我理解您的想法，但是一旦开了先例，您一定知道这意味着什么，而且没有价值的合作也无益于双方的长期关系。"

这就是典型的先例的权力应用。先例的权力应用在这里表现为拒绝让步，利用先例促使对方就范，接受自己的条件。这是一种略显强硬但合情合理的策略。

先例的权力应用，其作用不仅在于引用先例，更在于影响对方心理。通常来说，人们往往习惯按照过去的做法进行谈判，以过去的结论为标准，这是人特有的心理习惯。所以，用先例的权力掌控变数，自然更有优势。同时，这也能让对方明白：某些既定规则是不能随便破坏的，尤其是很多先例涉及底线与尊严，是不可能被轻易突破的。所以，巧妙运用先例的权力，可以帮助谈判者牢牢掌控变数，获取谈判优势。

2.1.2　常见的 10 种权力

谈判中，权力的应用无处不在。笔者归纳了常见的 10 种权力，它们都有助于增加谈判筹码。

1. 财务能力

财务能力是企业硬实力的重要组成部分，也是构成谈判筹码的重要权力。在恰当的时间展示自身财务能力，会让对方意识到我方已经做好充足准备，从而对我方产生信任。尤其在商务谈判中，项目款回收时间是重要的内容，因此展现自身强大的财务能力，能让我方筹码大幅增加，从而更容易拿到谈判主动权。

对方："你们的条件很苛刻，项目也的确有难度，我们很担心，投资这么大的项目，我们能不能按时收回项目款……"

我方："这是本公司去年和上一季度的财务报表，您可以仔细看一下，也可以让贵公司的财务人员审核。我们的盈利率已经超过30%，资产负债率、银行贷款风险远低于行业标准，现金储备非常充足。我们相信，贵公司之前合作过的公司，没有几家拥有我们这样健康的财务状况。"

对方："我看了财务报表，贵公司是值得信任的。"

2. 准备充分

假如你今天去对方企业谈判，刚坐下，抬头一看发现对面谈判者的桌面上摆着一摞一摞的文件。此刻，你会怎么想？

如果你产生的想法是对方做了充分的准备，那么你在谈判中就会心虚。因为不知道对方的文件里藏了怎样的撒手锏，于是，你的策略也会由此改变，变得小心谨慎。

因此，谈判者做好完善的谈判准备，同样是展示自我权力的关键。准备充分的谈判者能够让对方感受到其专业能力和规划能力，使对方愿意接受其提出的提议。如此一来,谈判者也会增加信心,从而在谈判中能够表现得游刃有余。

我方:"这是我方准备的合作方案,贵公司可以仔细审核一下。这份方案已经对重点合作部分做了详细的阐述,我相信按照这份方案推进,项目一定能够准时准点、按质按量地完成。"

对方:"你们的这份合作方案很出色,的确非常专业!我们愿意与贵公司合作。接下来,咱们谈谈如何实施吧。"

反之,如果谈判者的准备不够充分,尤其是对重点合作内容缺乏完善的规划,那么对方当然不会信任谈判者;面对对方的提问,谈判者也难以快速给出妥善的答复。

对方:"贵公司提出了这么多的要求,那么能否提供一下具体的合作方案,我们想了解贵公司是如何规划合作的重点部分和细节的。"

我方:"这个……我们公司的执行团队正在制作,预估需要3天才能拿出完整的方案。毕竟这次谈判时间很紧张,我们虽然第一时间就开始准备了,但方案的制作还需要一点时间。"

对方:"既然如此,那么等你们做完了咱们再谈吧。我看,这次的沟通就到这里吧,等到合适的时候咱们再交流。"说罢,对方就离开了。

3. 有影响力的朋友

名人代言是常见的营销手段,而这其实就是借助名人的影响力为品牌增加权力。这一方式同样适用于谈判。

借助有影响力的朋友增加我方权力，就是利用"第三方背书"的手段，为我方增加手中的筹码。尤其当这位朋友是社会知名人士、行业知名专家时，其对我方权力的正面影响将会更加明显。

对方："×××作为合作负责人，在产品正式推出时，会作为品牌形象大使为我们品牌站台。他的影响力，相信贵方一定非常了解。"

对方："真的？贵方真的找到了他进行合作？"

我方："是的，这是我们的合作协议，但请您暂时保密。"

对方："既然他都愿意为贵方品牌代言，那么我们对贵方品牌也就放心了！"

需要注意的是：借助有影响力的朋友增加筹码，一定要注意时机和节奏。切忌在谈判之初就展示这种权力，以免让对方认为我方是在炫耀，反而产生敌对情绪。

4. 知识

知识是专业能力的体现，同样能为谈判者带来权力。尤其是在涉及专业知识的采购谈判中，谈判者表现出丰富的专业知识储备，有助于增加筹码，掌握谈判的主动权。这就要求谈判团队配备相关专业人才，能够从专业角度与对方进行深度讨论。

对方："这次我们采购的是高精尖产品，你们是否有相应实力？"

我方："你好，我是这次合作的技术负责人。我曾经在×××集团有过10年的工作经验，是生产负责人。贵公司产品的技术含量的确很高，所以我将亲自进行把控。从专业角度来说，贵公司的这款产品的技术难点主要在于……根据我的经验，我已经拟好了3个解决方案……"

对方："很好，既然如此，我们可以进行接下来的讨论了。

5. 经验

企业的经验是展示企业实力的重要工具。让对方看到我方在相关领域拥有丰富的经验，可以为我方增加筹码。

我方："我们公司至今已经成立10年，一直在这个领域探索，不仅与国内知名企业合作过，还在国外市场进行了多次建设。这是我们公司的项目经历和发展历史，您可以过目。"

我方的发展历史等资料应当提前准备好，尤其是关于我方的正面新闻、重点事项等应当制作成简报，以便提交给对方。这在提升我方可信度的同时，也能让对方感受到我方的诚意。

6. 公众舆论

随着互联网的发展，公众舆论也成为谈判的重要筹码。如果我方的公众舆论正面、积极、热烈，那么我方的权力就会大大增强，筹码也会增加；反之，则会削弱我方权力。

我方："我们公司的股价最近在不断上涨，引领整个板块，相信贵公司最近一定看到了不少关于我们的新闻。我们公司，从盈利到口碑都居于市场领先地位。咱们两家公司达成合作，相信会给贵公司带来不少正面的舆论，这也是贵公司提升知名度和行业影响力的一个重要方式。"

7. 企业规模

企业规模越大，谈判时的权力就越大，筹码也就越多。尤其当企业规模处于行业领先地位时，权力的天平就会向企业倾斜。

我方："本公司在行业中的地位，相信贵公司一定有所了解。为了这个项目，我们已经在国外创办了两家新公司，产品会直接投放到当地市场。和我们合作，利用我们的资源，有助于贵公司进入国外市场。"

8. 职位

谈判者的职位直接影响谈判者对资源的支配能力，同样影响谈判者的权力。一般而言，谈判者的职位越高，表示企业越重视谈判，越具有诚意。

职位高的谈判者说"行"的影响力强于说"不行"的影响力，职位低的谈判者说"不行"的影响力强于说"行"的影响力。职位的高低体现出企业对谈判的重视程度，是不可忽视的权力。

某场谈判因对方坚持反对我方条件而陷入僵局，无法继续。此时，我方一位身为部门负责人的谈判者，立刻将这一问题汇报给总部，总部当机立断，任命一位高层作为新谈判者，进行新一轮磋商。

新谈判者："我是企业股东之一，也全面负责企业的生产。我代表我们企业所有人，希望与贵方有一个顺利、友好的交流过程。经过讨论，这次我们带来了最大的诚意，拿出了底价，希望你们可以理解。"

对方："既然贵方高层已经做了表示，那咱们就可以进行更深入地探讨了。"

9. 年纪

年纪同样是一种权力。相较于财务能力、企业规模等，年纪是一种隐形权力。在尊老的社会氛围下，谈判者如果年纪较长，往往更容易获得对方的尊重，对方不会表现得过于尖锐，这会为我方创造增加筹码的机会。

需要注意的是，年纪虽然可以带来一定的优势，但谈判者在知识储备等方面同样需要完善，这样才能获得年纪的权力。否则，倚老卖老反而会让对方反感。

10. 声誉

声誉分为个人声誉和企业声誉两部分，二者都拥有较高的声誉，会大大提升话语权，增加筹码。

我方："我是这次谈判本企业的代表。我本人负责企业的运营，同时兼任××××大学管理学院院长。希望这次我们能够谈判顺利，这次合作如果成功，我们企业在今年的行业评比中也会获得更大的优势，目前我们已经位居行业前三。"

对方："您好，早已听说您的大名，久仰。在这个领域，贵企业的影响力有目共睹，我们也很希望能与贵企业达成合作。"

权力是改变谈判双方筹码的重要变数。尤其是在谈判初期，双方还在相互试探，因而容易关注一些表面性、局部性的特征，从而受到情感、知觉的影响。

因此，在谈判中，我们应当有完善的自我认知，明确自己拥有哪些筹码，又能借其获取多少权力。与此同时，我们也要避免被对方影响，而将权力拱手相让。在这样的借力用力的过程中，我们会有意想不到的收获。

2.2 时间：创造筹码

在课堂上，笔者经常问学员："谈判中，有时间和没时间的两方，谁有筹码？"

大家肯定地回答："有时间方！"

时间是谈判者用来创造筹码的重要变数。承担时间压力的一方，往往会为了快速成交，而做出较大让步。采购谈判中甚至可能出现需求方将按时交货作为唯一条件的情况，这种情况下，双方不会在价格上过多纠缠。

因此，谈判者有效利用时间，可以在谈判中创造筹码；设定合理的成交时间，则会有效促成双方合作。

国外的一家私人医院十分繁忙。这天，一位患者摔断了腿，急忙来到医院就诊。

医生："得赶紧做手术，费用 8 000 元！"

患者："能否 6 000 元？"

医生："医院规定无法改，价格无法商量。"

患者："……"

当谈判者面临较大的时间压力时，其通常会处于被动地位，这就是时间压力导致的谈判权力较小。

那么，如果双方都没有时间压力呢？我们就需要主动为对方创造时间压力，即采用截止日期法。如大街上经常看到的一个场景：小店门口的两个音箱播放着流行乐，店门上贴着几个大字——"大降价！最后 3 天！"

谈判桌上，这样的方法同样适用。

"王总，我方接受的价格是 3.5 元。这个价格在今天中午 12 点前有效，因为我们领导下午要到美国出差，而这个价格需要领导审批。过了时间，到时我想帮您都没有办法了。"

"张总，如果现在能确定的话，这批货可以赶上下周日的船期，这样可以节约一笔仓储保管费用。"

上述情况是对时间变数的典型运用。将时间压力抛给对方，引导对方在限定时间内快速做出决定，这样能让我们掌握谈判的主动权，获得更多的筹码。运用好时间变数，能够有效创造筹码，把握谈判节奏，引导谈判走向。

有时候，我们还要借助最后通牒法，在主观上设定一个时间节点，让对方没有时间犹豫，从而一锤定音。

"我们已经谈判了几天，基本上所有议题都已经讨论完毕。我想，咱们再最后思考一下，半天后正式签约是否可以？如果超过这个时间，您还要对内容进行调整，那么很遗憾，我们将会选择与其他代理商签约。"

虽然最后通牒法带有一丝威胁，但却是创造时间压力的有效方法。只有让对方感受到时间压力，堵住对方的退路，双方才能尽快签订合约。

2.2.1　期限在谈判中如何使用

在谈判中适当设置期限，使对方产生时间紧迫感，有利于促使对方妥协与让步，从而快速达成协议。那么在谈判中，该如何使用期限呢？

1. 利用对方的焦虑情绪

随着截止日期不断临近，对方的焦虑情绪也会持续增加。

这一点在日常生活中极为常见。很多人在工作初期不急不慌，棘手的事项都想着延后处理；直到截止日期临近时，他们才发现还有大量事项尚未处理，于是只好加班加点完成，决策也变得极为迅速。图 2.2-1 所示为不同的工作时间与进度对比。

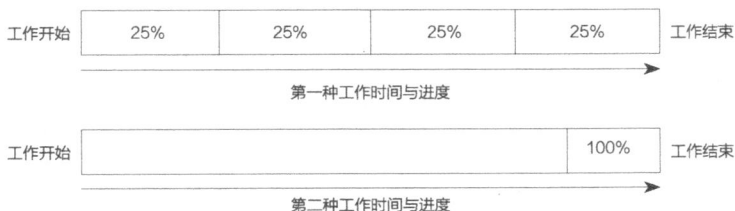

图 2.2-1　不同的工作时间与进度对比

尤其是当截止日期即将来临时，这种焦虑情绪会更加明显。在这个时间点，谈判一方如果再次提出之前搁置的要求，拥有时间压力的一方则会为了促成合作而快速决策。尤其是当对方的合作欲望非常强烈时，这种做法往往能够收到非常好的效果。

"李总，按照项目推进的既定计划，今天已经是最后一天了。如果今天还无法按计划推进，我们只能调整计划，做另外的选择。"

这是笔者常用的一种谈判方法，在时间期限即将到来时，主动为对方创造时间压力，从而获得谈判的主动权。

2. 避免落入对方的期限陷阱

时间期限的设置应当尽可能精准。如果没有设置时间期限，那么对方就难以感受到时间压力，进而采用各种借口拖延，谈判效率会因此变得低下。

因此，谈判者可以在谈判初期就设置好谈判期限，在与对方进行资料交换时将时间表正式交给对方，并说明相关规划，引起对方的重视。如果这份时间表十分模糊，谈判者就容易落入对方的期限陷阱：对方在谈判中会使用大量的拖延借口，如"公司有会议要召开""有客户要招待"等，导致谈判一拖再拖，双方始终无法达成一致。

美国西部一名牛仔闯入酒吧喝酒，几杯酒下肚之后，便开始耍酒疯，把酒吧弄得一塌糊涂。这还不算，到后来，他居然掏出手枪朝着天花板乱射，甚至大骂酒吧中的客人。

就在大伙儿一筹莫展之际，酒吧老板突然一步步走到那牛仔身边，命令他道："我给你 5 分钟，限你在 5 分钟之内离开此地。"出乎意料的是，这名牛仔真的乖乖收起手枪，握着酒瓶，踏着醉步离开了酒吧。有人问老板："如果他不肯走，那你该怎么办？"老板回答："很简单，再给他设置一个时间期限不就好了。"

我们要明白这样一个道理：很多时候，对方之所以一拖再拖不做决定，并非不重视谈判，而是为了借助"拖延战术"消耗我们的耐心，从而获取谈判的主动权。毕竟，作为合作方，多数情况下双方都有工作效率与时间成本的压力。谈判的时间越长，对谈判就越不利，成本持续增加，甚至会影响后续业务的顺利开展。

所以，设定时间期限，不仅能让我方对谈判进程有合理的安排，也能避免对方随意拖延，影响我方谈判节奏。为了强化时间期限的作用，谈判者也可直接向对方说明：如果截止日期到了仍未达成共识，我方有权终止谈判。这样谈判者就能让对方认真地坐在谈判桌前，深入分析各自的需求与价值目标，双方共同探讨、沟通，最终达成共识。

2.2.2　要有耐心，不要期盼过早得出结论

时间是谈判者用来创造筹码的重要变数，但谈判者也要避免时间成为对方的筹码。而要做到这一点，谈判者就要有效地排解时间压力——要有耐心，不要期盼过早得出结论。

尽管我们一再强调时间的重要性，但是这并不意味着过早得出结论一定有益。从表面上看，快速完成谈判是一件好事，但事实上，过早得出结论往往也意味着无法顾及太多细节。尤其当双方都有合作意愿且沟通较为顺利时，双方往往能很早就得出结论，但其中可能存在细节问题之类的隐患，这会为后续合同的执行留下不确定性。

无论谈判进行得如何顺畅，谈判者都要保持耐心，并按照计划进行交流，从而确保筹码得到充分利用，问题得到充分沟通，进而确保最终结论的完整性和严谨性。

谈判者要切记：通过谈判得出结论，只是双方合作的第一步，更重要的是结论的落地执行。过早地完成谈判并得出结论，可能导致结论的执行效果难以得到保障，谈判者更可能因此忽视长远合作关系的建设。

小郑代表公司与一家外贸企业进行谈判。谈判一开始，对方明确表示：公司有明确规定，相关条件不能更改。

虽然对此感到不满，但在之后一个小时的沟通中，小郑发现对方态度非常友善。尤其是在中午就餐时，对方不断夸奖小郑的工作态度与精神，并提议："遇到您这样的合作者真是荣幸之至。如今双方的底线问题都讨论得差不多了，希望饭后就确定结果，也好尽快推进后续工作。"

小郑看对方很是豪爽，也考虑到己方后续工作的时间紧迫性，于是同意了对方的提议并迅速签约。

然而就在一个月后，小郑得知另一家企业以更加优越的条件与这家

外贸企业达成了合作。一问才知，这家企业一开始收到了同样的答复，但其谈判者并没有着急，而是按照自己的节奏不断与对方交流，最终让对方不得不做出让步。小郑懊悔不已，没想到自己竟落入了对方的时间陷阱。

谈判过程中要有耐心，即便过程看似一帆风顺或针对关键项目都已达成一致，谈判者也要按照预先设定的节奏，与对方进行更深层次的交流，以防出现遗漏或筹码未充分利用的情况，此外还可以进行有关未来合作的探讨。

"没想到我们的合作这么顺利，看来我们之间很投缘。其实，我们企业未来还有更长远的规划，不如我们趁着这个机会，再讨论下未来可能的合作方向？我相信，这对我们双方都会很有帮助！"

这样一来，我们既完成了本次针对性的谈判，又可以开展面向未来的谈判。这不仅为双方合作带来了更多的可能性，也能推动当下合作有效开展。当截止日期临近时，我们也就可以签订更完整、更严谨的协议，使这场谈判的价值最大化。

倘若对方态度较为强硬，双方缺乏深入谈判的可能性，谈判者同样不必着急过早得出结论，而可以主动将谈判延后："今天谈判进展不错，剩下的分歧都是一些细节问题，我们不妨再仔细核算一次，明天再碰面，然后继续讨论，您看是否可以？"

通常来说，对方不会拒绝这样的请求。趁着短暂的休息时间，我们可以再次收集信息、分析局势，及时调整谈判策略，如调整谈判议题等，争取在后续的谈判中获取更多收益。

2.2.3　使用期限的 4 项原则

期限是一把双刃剑，谈判者在使用它时需要遵循以下 4 项原则。

1. 必须保持足够的耐心

大多数让步或决定都发生在期限临近时，因此谈判者需要保持足够的耐心。这就要求谈判团队中，至少有一位谈判者的性格足够沉稳，以确保谈判团队不会因为急躁而选择过早结束谈判。如果谈判陷入僵局，谈判团队也可在必要时更换谈判者，缓解谈判气氛，促使谈判重新开始。

无论哪一方提出设置期限的要求，期限一旦确定，就不可轻易更改。

2. 灵活调整期限

如果谈判进程非常不顺利，双方始终处于带有敌对情绪的谈判状态，那么最佳的应对策略是隐藏我方的真正期限。这是因为，如果双方带着敌对情绪进行交流，说明双方的合作欲望有限，双方的诉求都很难真正被满足。

期限是谈判工作的重要内容，绝大多数情况下都应当严格遵循，但是也可以根据实际情况灵活调整。事实上，很多时候的谈判结论，都是在临近期限时得出的。

如果谈判内容过多，双方无法如期完成谈判，则可以约定延长谈判时间。当然，这种延长同样应当有限制，避免影响我方后续计划的实施。

3. 观察对方反应，在合理的时间内促进签约

随着期限的临近，双方都会面临极大的内心压力。但越是如此，成熟的谈判者越会表现得沉着冷静。此时，我们应当观察对方的反应，在合理的时间点拿出合适的撒手锏，以促成签约。

通常来说，快到期限时，对方往往发言开始减少，甚至陷入沉默，这意味着对方正在心中做全面的衡量与决策，因而我们不用再在细节上与对方过多纠缠。相反，如果对方仍然不断发言，这就意味着对方依然对谈判内容有其他看法。我们应根据对方的反应，进行"最后一击"，以期给谈判画上圆满的句号。

4. 保证利益再行动

谈判的目的是为己方争取利益，达成双方的共赢。所以，我们必须在保证自身利益的前提下签约。否则，如果只关注时间变数却忽视目的，我们就容易在仓促中签约，等到执行时可能会追悔莫及。这就要求我们：尽可能按照时间规划进行谈判，确保结论完整、严谨；如果临近期限仍未达成一致，则可适当调整期限，而不是盲目签约。

比如你想购买一批不动产，而对方只给了你10天的时间，要你在10天内决定是否以其所开出的价钱买下这批不动产。这时，你就应该先从各种不同的角度来检查对方的提议。如果你觉得价钱不甚合理，最好尽早向对方说明你的看法。如果对方采用拖延策略，为了保障自身利益，你一定不能因为期限将至而匆忙答应。你可以依照自己的意愿，向对方阐释具体原因，再重新设定一个期限，这么做将使你免于成为对方所设定的期限下的牺牲品。

时间这个变数看似简单，实则复杂。只要运用得当，时间就是一把利剑，可以帮助我们控制谈判节奏，给对方施加心理压力，从而将利益最大化。

2.3　情报：底牌

情报这个变数的重要性不言而喻。谈判者手中握有越多的情报，就越能明确对方需求及其优劣势，从而制定具有针对性的谈判策略，把握谈判的主动权；反之，如果对对方一无所知，谈判者就无法制定精准的谈判策略，甚至制定出的谈判策略与实际情况南辕北辙，提出的议题对方毫不关心，自己手中的筹码也毫无作用，导致谈判举步维艰。

谈判桌上的情报，往往决定了谈判者的底牌。

竞争情报，也称商业情报，是指关于竞争环境、竞争对手和竞争策略的数据、信息和知识等。获取情报的过程是指对数据的整理和分析，数据、信息经过汇总、分析、研究而成的知识及应用结果就是情报和谋略。竞争情报的获取方式如图 2.3-1 所示。

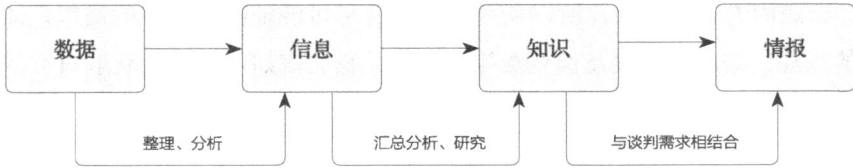

图 2.3-1　竞争情报的获取方式

很多谈判者错以为数据就是情报，但其实，数据只是孤零零的数字，既有真数据，也有假数据，还有无效数据，仅靠数据无法为谈判带来实际效果。谈判者应当将数据整理转化为信息，再对信息进行汇总、分析和研究，将其提炼为知识，并与谈判需求相结合，最终形成情报。

某公司要进行采购谈判，有两家公司进入最终合作者待选名单。该公司多数人认为，A 公司是最佳的选择，因为数据显示，A 公司产品的市场占有率较高，达到 30%；B 公司产品的市场占有率仅为 20%。

就在这时，公司谈判者提出异议：通过对更多的数据进行整理发现，虽然 A 公司产品表面上看市场占有率更高，但 A 公司产品的良品率较低，投诉率高达 4%；而 B 公司产品的良品率较高，投诉率不到 1%。从公司对产品质量的要求出发，综合判断，B 公司显然比 A 公司更加值得合作。

选择与 A 公司进行合作就是将数据当作情报的结果。数据只是简单的数字，而情报则是对数据进行综合整理、分析、提炼后得到的结果，更具客观性和参考价值。所以，我们要运用的是情报，而不是简单的数据。

获取对方情报，可以帮助我们了解对方的意图和筹码；己方情报的泄露，则会让我们在谈判中处于劣势。因此，针对情报这一变数的处理，就涉及获取和保密两个方面。

2.3.1　情报获取：获取情报的 6 种常用策略

正是因为情报重要，所以谈判双方都会尽可能地隐藏己方的情报，如真正的兴趣、需求的底线及优先级等。那么，我们该如何巧妙地获取对方的情报呢？

1. 表现得不在意

针对关键问题，我们要表现得不在意，以降低对方的警惕性。反之，如果我们在关键问题上表现得过分热情或紧张，则容易让对方意识到：他们在刺探"情报"，我要尽可能地"绕圈子"。

所以，在谈判桌上获取情报时，我们应当适当迂回，如将天气、社会热点等问题作为切入口，消解对方的敌对情绪，并在不经意间就关键问题提问，从而获得我们想要的答案。

还有一点非常重要：不要过早暴露己方的准确需求。

某一年，某公司需要采购佳能某系列的新款产品。该公司采购人员找到佳能合作方，明确表示需要该款产品。结果，对方说："凭借咱们合作这么多年的交情，我一定给你一个合理的价格。但是这款产品是新品，无论是技术方案还是材料工艺，都具有颠覆性，如果你要其他任何产品我都能给你打 8 折，唯独这一款不行。"

采购人员最终只能以原价采购。

……

采购人员再次去选购产品时，虽然看中了某系列的 A 款产品，但却先询问 B 款产品，对方表示该系列其他产品都能打折，唯独 B 款产品不可以。结果，他以更低的价格买到了 A 款产品。

谈判者在谈判桌上切忌随意暴露己方的准确需求，以免对方占据主动权。

此时，我们可以采取"围点打援"的方式，以其他产品或事项作为突破口，不断获取对方的情报，从而在关键问题上抢占先机。

2. 示弱

通过主动示弱也可以有效获取对方情报。示弱的目的就是让对方产生错觉："我们已经占据了主动权，对方实力与我们差距过大，即便其知道一些核心内容，这对大局也无关紧要。"谈判者自认为掌控全局时，往往会变得盲目自大，容易将情报和盘托出，进而暴露自己的准确需求。

笔者曾经就有过这样的经历。

某一年，笔者与某国一家企业进行贸易谈判，谈判地点定在该国。一开始，对方态度非常强硬，不愿做任何让步。这时候，笔者开始主动示弱："好吧，毕竟我们是一家小企业，谈判筹码不多，我也没办法再让贵公司让步。但是，可以告诉我贵公司为什么定价这么高吗？"

对方显然陷入盲目自大的状态，将合作企业、团队组成甚至产品原材料产地都作为炫耀的资本，向笔者一一展示。在对方夸夸其谈时，笔者了解到了一些非常有价值的信息。

经过一晚上的整理与分析，笔者在第二天的谈判中进行了强有力的反击。对方立刻变得手足无措，笔者最终以一个合理的价格完成了谈判。

3. 求助、请教

求助、请教也是一种通过示弱获取情报的策略。但与一般的示弱不同，求助、请教是在专业技能、知识上示弱，从而在对方详细的阐述中获取情报，尤其是当对方好为人师的情况下，这一策略的效果将充分体现。谈判中，谈判者应当针对关键问题的核心部分积极提问。

"这款产品的原理究竟是什么？我很好奇，不知道您能否简单说明下，我也好心里有数。"

对方在解答的过程中，透露了一些重要的信息。

需要注意的是，求助、请教时应当控制好自己的情绪，不要表现出刻意的好奇。"求助、请教"应当与"表现得不在意"相结合，这样才可能获取情报。

4. 说反话

当求助、请教策略失效时，谈判者可以采用激将法，通过说反话来获取情报。

"老张，这个产品估计你也不懂！"

老张听完后，因为被轻视甚是不高兴，立刻滔滔不绝……

不过，虽然说反话可以获取情报，但这种策略的使用效果并不稳定，稍有不慎，所说的反话就可能使对方产生误解，被对方看作挑衅，反而给谈判造成阻碍。如对方听到"我们还有其他供应商可选择"，很有可能心生不满，表示"那你可以去和他们合作，我们没必要再谈"。所以，这种策略并不被推荐作为主要策略使用。

5. 通过秘书、办事员、工程师、清洁工、门卫等获取信息

当我们无法直接从谈判对手身上获取有价值的信息时，不妨换个思路，从谈判对手身边的人，如秘书、办事员、工程师，甚至清洁工、门卫等身上挖掘有价值的信息。

有一次，笔者的某名学员与一家公司进行谈判，但一直都没能就核心问题讨论出想要的结果。谈判中途休息时，学员来到该公司门口，恰

巧与门卫简单聊了几句。门卫在不经意间说道："最近我们公司有个客户很麻烦，把时间压得非常紧，所有人天天都要加班，但是不做不行，已经签了合同了。"这名学员与那个客户恰巧有很紧密的合作关系，他意识到终于找到了突破口，于是再进行谈判时表示可以动用自己的关系，帮助对方争取时间，但前提是调整协议内容。正是通过这一信息，他最终获得了满意的谈判结果。

综上所述，当我们通过某个渠道暂时无法获取有价值的情报时，不妨换个思路，从其他看似无关的渠道入手，同样可能获得成功。

6. 学会"听"的功夫

在与对方进行交流时，"听"是获取情报的关键。这是因为谈判中的大多数情报都源自对方的讲述，有时，对方看似无价值的一句话，却可能包含着有价值的情报。

因此，谈判者必须要学会"听"的功夫，从对方的言语、语气，甚至表情、手势等各方面的细节，挖掘出己方需要的情报。

（1）少说多听，不要打断对方。在对方阐述观点或表达意见时，谈判者切忌打断对方，即使对方表达的内容确实毫无价值，但我方认真聆听的状态，可能也会激起对方讲述的欲望，这样我方就有机会从对方的阐述中获取有价值的情报。

（2）不要热衷于辩论。即使对方的观点和我方观点大相径庭，谈判者也不要和对方进行辩论。辩论容易变为争论，而对方在争论中并不会透露更多的情报，却会变得针锋相对，不愿讲述过多内容。

以上6点，都是巧妙获取情报的常用策略。谈判者如果能够灵活运用这些策略，就能从谈判对手身上获取有价值的情报，从而掌握谈判的主动权。

2.3.2　情报保密：不让对方获取情报的6种常用策略

在尽可能地获取对方情报的同时，谈判者也要做好己方情报的保密工作，不让对方轻易获得。为此，我们可以借助以下6种常用策略，从一开始就做好情报保密工作。

1. 慎重选择谈判者

谈判者，尤其是重要核心议题的谈判者，一定要选择守口如瓶、性格稳重的人来担任，避免谈判者因情绪激动，在无意间透露重要情报。

2. 知道沉默的重要性

谈判双方并非一直处于交谈中，有时候沉默比开口更好。

尤其在谈判者不了解对方情况时，如不清楚对方报价的高低，此时，与其强行开口，不如保持沉默。当一方抛出一个话题却得不到回应时，通常他就会反思：“我是不是搞错了？”因此，在关键时刻保持沉默，也是一种以退为进的有效策略。

有时候是一个团队去谈判，那么如何让整个团队保持沉默呢？有一个方法值得借鉴：设定特别谈判人，负责应对核心问题；尤其是在针对关键细节的谈论中，特别谈判人是唯一有权发表观点的谈判者，其他谈判者不能随意插手。

3. 情报分层

每一名谈判者掌握的情报应当有所区别，以形成情报分层，尤其是关键情报，应当只有主要谈判者知晓，以此降低泄密的可能性。与此同时，负责应对核心问题的特别谈判人应当掌握关于该核心问题的所有情报。

4. 不需要让太多的人参与

严格控制谈判团队的人数，不要让无关紧要的人加入团队，避免情报泄露。

5. 避免直接冲突

谈判桌上，如果对方主动进行情报获取，应尽可能避免直接冲突，不妨采用迂回法，顾左右而言他，让对方放弃刺探。这需要谈判者拥有丰富的谈判经验与较强的沟通交流能力，以免发生冲突而导致谈判无法进行。

6.减少提供的资料

谈判者应尽量减少提供给对方的资料，避免事无巨细、面面俱到，否则很容易被对方找到突破口。通常来说，给对方的资料以框架为主，具体内容则采用模糊表述。如果谈判者在某些情况下不得不透露具体信息，则应尽可能避免使用文字，而是采用语言进行表述。

谈判测试：你的期限设置得是否合理？

测试一下，看看自己的期限设置得是否合理。（选择均为单选）

1. 你是否已经设置了明确的期限？（　　）。

A. 已经根据每一个议题，分别设置了明确的期限

B. 已经设置了统一的期限，并且能保证精准性

C. 设置了一个弹性较大的期限，可根据实际情况调整

D. 设置了大概的期限，但并没有细化

E. 没有设置期限，根据实际进度进行调整

2. 设置期限的意义，此时你已经（　　）。

A. 完全了解，是为了保证己方掌握谈判变数，避免对方太过拖延

B. 完全了解，是为了让己方掌握谈判的主动权

C. 了解，但并不清楚具体使用方式

D. 简单了解，基本知道使用目的

E. 不了解，不明白为什么要设置期限

3. 针对设置的期限，你（　　）。

A. 设定了完整的执行方案，确保在规定的时间内完成

B. 设定了执行方案，如果可以，在规定的时间内完成

C. 会按照设置的期限执行，但并不理解为什么要这样设置

D. 会遵循这一原则，但是并不受束缚，即使超期也没有关系

E. 不必完全遵循，达到目的即可

4. 你的期限设置在谈判开始后的（　　）。

A. 第 3 天，保障前 3 天能够充分有效沟通

B. 2 天之内，但将第 3 天作为弹性期，如果第 2 天没有顺利完成，可以顺延 1 天

C. 2 天之内，因为 2 天已经足够完成谈判

D. 1 天之内，希望能够在最短的时间内完成谈判

E. 没有具体时间，越早越好

评分值标准与得分解析

选择 A 选项得 25 分

选择 B 选项得 20 分

选择 C 选项得 18 分

选择 D 选项得 15 分

选择 E 选项得 12 分

总得分在 90 分及以上：期限设置非常合理，可以任意使用。

总得分在 80~89 分：期限设置合理，可以用于多数情况。

总得分在 70~79 分：期限设置较为合理，但很容易无法遵守。

总得分在 60~69 分：期限设置较为不合理，应当进行进一步的细化确认。

总得分在 60 分以下：完全没有设置期限。

第 3 章

谈判的全方位布局：谈判阶段与控制能力

　　俗话说"不打无准备之仗"，谈判同样如此。在谈判前，我们要做好妥善的准备工作：检验准备情况、了解谈判对手特点、完善团队组成、设定精准目标等。这些准备工作是谈判的基础，关乎谈判的布局，直接影响谈判的走向。

3.1　谈判过程的 5 个阶段与工作内容

谈判是一个过程。谈判过程中的每一个阶段，都对最终结果影响深远，有时甚至直接决定最终结果。所以，必须设计并控制好每个谈判阶段，让谈判拥有一个合理的节奏。

谈判过程一般可以分成 5 个阶段，如图 3.1-1 所示，前面 3 个阶段属于准备阶段，第 4 个阶段是谈判实施阶段，最后则是签订合同阶段。

图 3.1-1　谈判过程的 5 个阶段

接下来，我们对每一个阶段的工作内容进行介绍。

3.1.1　谈判前的形势分析

谈判前要做形势分析，这个阶段的工作重点主要包含以下 4 项内容。

1. 收集信息

需要收集的信息包括谈判对手的信息、谈判对手所在企业的信息等。

2. 分析信息

将收集到的信息分门别类，并形成分析报告。该报告越详尽，谈判者就越清楚对方的需求，并能以此把握先机。

3. 分析行业状况

行业的发展前景、谈判对手所在企业的发展规划等都是重要的谈判"情报"，谈判者应充分了解与分析行业的各种信息，做到了如指掌，这样才能在谈判时做好应对。

4. SWOT 分析

利用 SWOT 分析法分析本次谈判的机会、劣势、优势、威胁，做到心中有数。（关于 SWOT 分析的详细内容参见本书 3.3.4 小节）

3.1.2 计划谈判

谈判前的形势分析工作结束后，就要开始拟订谈判计划。这个阶段的工作重点主要包含以下 6 项内容。

1. 设定目标

明确己方的谈判目标，并对目标进行分级，每一个分级目标都要有明确的数据化标准。

2. 分析优势和劣势

根据设定的目标，分析本次谈判的优势和劣势，并针对劣势制定多种应对方案。

3. 再次分析实际情况

对实际情况进行分析，如行业变化、谈判者经验等，确定实际情况是否满足谈判需求。

4. 检查各方关系

对谈判可能涉及的各方关系进行检查，寻求对己方有利的条件。

5. 再次整理与分析

对谈判可能涉及的所有数据进行整理分析，查漏补缺。

6. 再设计成交位置

再次对目标进行确认，并对成交位置进行分析，找出本次谈判最有可能的成交位置，判断己方是否有筹码用于提升话语权等。

3.1.3 准备谈判

谈判正式开始前，需要对谈判准备工作做进一步确认。这一阶段的工作重点包含以下 4 项内容。

1. 确定谈判团队成员

谈判团队的组成要遵循"红白脸原则"，团队既要有性格较为强势的成员，也要有性格较为温和的成员，同时还要有行业专业人才等。

2. 确定裁定权

明确每一名成员的裁定权，及其有权裁定的具体内容。与此同时，还要明确哪些问题需要由团队整体确认，哪些问题需要汇报至企业进行确认。

3. 确定界限

确定本次谈判的界限，即绝对不能突破的底线。

4. 谈判演练

进行谈判演练，模拟谈判进程，并进行记录。对于一些较为棘手的问题，进行测评并制定应对方案。

3.1.4 实施谈判

谈判的正式实施一般分成 4 个阶段：开场、试探、实质谈判、收尾。根据己方拟订的谈判计划，谈判者应按照既定节奏推进谈判，及时发现问题并进行微调。

例如，当谈判出现僵局时，谈判者可以选择休息或换人的方式，努力缓和双方矛盾，尽可能保持较好的谈判气氛，维护双方良好的关系。

1. 开场

所谓开场，主要是指谈判初期的寒暄和简单交流，这是双方建立友好关系的关键。有些谈判者之所以感到谈判举步维艰，就是因为其忽视了"暖场"，在谈判初期直接进入正题，导致双方缺乏良好的情绪铺垫，始终处于"对抗状态"，难以达成一致。

谈判的开场话题并不一定要紧扣议题，可以是关于社会热点的讨论，或关于共同好友的讨论。通过看似无意义的交流，谈判者可以了解对方的喜好、性格特点，找到彼此的共同话题，为议题的正式展开做好铺垫。

2. 试探

试探主要是指双方针对彼此需求和底线进行试探，这仍属于前期交流。这个阶段通常以提问的方式进行，是一个你进我退、反复拉锯的过程，谈判者要尽可能找到对方的需求和底线。

"这次合作，我们的计划是花 15 万元左右达成协议。不知道贵公司的想法如何？"

"这个价格恐怕有些低了。毕竟这不是一个简单的项目。"

"那贵公司认为多少合理？"

"我们认为 20 万元是一个可以接受的价格。"

"这个价格，恐怕已经超过行业的最高价了。"

这就是典型的试探过程。试探阶段是谈判双方交换需求信息的阶段，谈判者要在这个阶段不断捕捉对方的重点信息，以使己方在实质阶段掌握谈判的主动权。

3. 实质谈判

经过试探，双方逐渐清楚彼此的需求、底线，接下来就将进入实质阶段。实质阶段主要是针对己方的利益需求与对方的底线展开谈判，尽可能达成共赢。

"我方经过讨论，一致认为16万元是我方的价格底线。如果贵公司同意这一价格，那么我们基本上就可以签约了。"

"我们也做了交流，16万元的价格我们可以接受。但是，我们有一个附加条件：合同签订后，3天内需要预付50%的定金。毕竟这个价格是整个行业中的最低价，我们几乎已经没有利润了，所以必须保证基本的生产需求。"

相较于试探阶段，实质阶段的交流会更加明确，谈判者无须再多做遮掩，而要明确表述己方需求、直击对方底线。这一阶段是谈判的关键阶段，直接决定了最终的合同价格和服务内容。

具体来说，在实质阶段，谈判者要把握以下原则，以保证谈判目标顺利实现。

（1）扩大总体利益。双方坐在谈判桌前，最高的追求就是双赢。如何做到双赢？就是"把蛋糕做大"，扩大总体利益。所以，在谈判过程中，谈判者不要着急拿刀去切蛋糕，落入零和博弈的陷阱，而应与对方不断交换需求，分析通过合作做大蛋糕的可能性，以促进双方共同利益的增长。

在一次与一家外国企业进行采购谈判的过程中，笔者并没有着急与对方在价格上进行讨论，而是咨询对方是否有进军中国市场的计划。得到肯定的答复后，笔者建议对方借助我方企业的平台扩大市场份额，这样有利于双方进行更好的合作。对方大喜过望，很快我们以各自最满意的条件签订了协议，并追加了一系列未来合作的新项目。

（2）注重利益，而非立场。获得利益是商业活动的最终目的。但实际谈判往往会因为谈判者的失误发生一些微妙的变化：前面注重利益，后来注重立场，甚至上升到"面子"。这是谈判的大忌。

谈判桌上，虽然双方处于某种程度的"敌对"状态，但双方都只是为了追求各自利益的最大化。

关于谈判，有一句经典的名言："促使谈判者做出决定的是利益，利益是隐藏在立场背后的动机。"

所以，谈判者要想牢牢把握谈判节奏、实现互利共赢，就需要注重利益，而非立场。在谈判双方对立表象的背后，也可能存在利益的交集空间，这往往就是打破谈判僵局、促使谈判成功的突破点。

那么，该如何把握好这一原则呢？

① 注意商务谈判的需求。通过不断的交流，了解双方的最终需求，寻找一个使双方需求都得到满足的方案。只有找到这个方案，双方的友好合作关系才能得到进一步的发展和加强。

② 换位思考，相互体谅。谈判中不可避免会发生摩擦，但在此时，谈判者一定要换位思考，避免始终处于"敌对"状态。双方可以适当休息、转换话题等，让彼此冷静一下；或邀请"中间人"出面，协调双方意见，引导谈判重回正轨。

③ 准备替代方案。如果双方就某一个问题出现了无法调和的矛盾，不要着急结束谈判，而是应当在协商、妥协后，找出替代方案，如底线方案、谈判协议最佳替代方案。

④ 对事不对人，就事论事。谈判中有一个重要的原则：对事不对人，就事论事。双方也许会各抒己见，但目的不是攻击对方，而是就某一个问题进行讨论以达成共识。无论为了各自的利益争论得多么激烈，双方始终都要将人的问题与实质利益区分开来，绝不能恶言相向或进行人身攻击。

谈判者应当从以下 3 个角度入手，始终遵循这一原则。

① 增进沟通。在涉外谈判中，由于文化和历史背景不同、语义理解困难、误解，双方很容易出现沟通障碍。这种障碍往往并非利益冲突，而是彼此间的误解。所以，遇到问题应当找到误解点，并就此增进沟通以化解误解点。

② 控制情绪。在较为激烈的谈判过程中，谈判者的肾上腺素不免分泌增多，谈判者会因此产生恐惧、愤怒等情绪。此时，谈判者要学会控制自己的情绪，千万不能与对方针锋相对，否则只会导致更加激烈的争吵。如果实在无法控制情绪，谈判团队的其他成员应当及时介入，暂时分开有争执的当事人，避免矛盾加剧。

③ 妥当表述。想要反驳对方的内容时，需要注意表达意见的方式，不要表现得过于激动、口不择言，而是应当采用妥当的表达方式，在反驳对方的同时注意尊重对方。

4. 收尾

双方就议题达成一致，即可进入收尾阶段。这个阶段要注意礼仪，第一时间向对方表示感谢，同时提前准备好相应的签约材料。无论在收尾前对抗得如何激烈，一旦确定合作关系，谈判者就要在收尾阶段保持积极的态度，这样才能有序推进合作项目，并为未来的合作奠定基础。

要想控制谈判节奏，有一个重点必须特别关注：节奏一致。

双方应当节奏一致，这样才容易达成共赢。图 3.1-2 所示是谈判双方节奏不一致的影响。若 A 尚处于试探阶段，B 却已经进入实质阶段，这会造成谈判力量的不对等。通常来说，节奏更快的 B，往往要为此付出更多的代价。

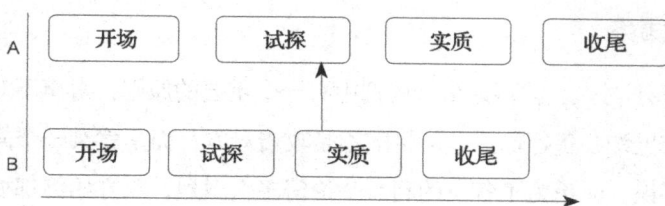

图 3.1-2　谈判双方节奏不一致的影响

A 企业与 B 企业的合作遇到了极大问题，但双方都无法在短时间内找到可替代的合作伙伴，只能依靠彼此。并且因为合作问题，两家企业的业务受到了极大的影响，特别是 A 企业，如果不能快速解决问题，就得停工一段时间。因此 A 企业与 B 企业展开了谈判。

因为压力较大，A 企业定下的谈判期限是两周；但是 B 企业因为有其他业务板块，表现得不着急，其预期的谈判期限长达半年。这就导致双方的诉求存在明显差异。

谈判开始后，A 企业由于时间紧迫，不断提交各种议案（实质阶段），但 B 企业始终没有给出明确的答复（试探阶段），这导致 A 企业不断被 B 企业牵着鼻子走。在不得已的情况下，A 企业对 B 企业实行了断供，想以此来给 B 企业施加压力。

但这一行为不仅没能让 B 企业松口，反而导致 A 企业内部的损失更大，A 企业迫不得已，又与 B 企业沟通，让 B 企业重新回到谈判桌前。

如此一来，A 企业在谈判中更加被动……短短半个月内，B 企业原来的诉求得到了满足，A 企业不但更加依赖 B 企业，还做了很多让步。

商业谈判就是如此。谈判过程中，谈判者必须不断关注对方的节奏与进度，保证双方处于同一阶段，这样才能促使谈判有效推进。

任何谈判都应按照开场、试探、实质谈判、收尾的节奏进行，这不仅能保证谈判的推进过程合理，也能有效避免出现意外，贯彻己方谈判策略，从而达成己方谈判目标。所以，要有效控制节奏，保证谈判按照计划推进。

3.1.5 签订合同

签订合同是谈判的最终阶段。

双方达成一致后，自然进入签订合同阶段。此时，双方事实上已经进入业务合作阶段，因此，双方应当表现出足够的诚意和尊重，并确保合同内容的完整有效，为未来的合作奠定坚实的合同基础。

3.2 谈判前的准备工作

《礼记·中庸》有云："凡事豫则立，不豫则废。言前定则不跲，事前定则不困，行前定则不疚，道前定则不穷。"

谈判工作也是如此，充足的准备是谈判成功的关键。

3.2.1 确定谈判目标与底线

有了目标与底线，才能围绕目标分析谈判局势，并根据需求确定谈判议题及完整、精准的方案。此外，目标与底线的确定，也能避免错误交易的发生——只要无法完成目标或超出底线就终止谈判。

谈判的目标与底线不仅决定了谈判最终的结果，更关系着对谈判方法与策略的选择。目标与底线是整个谈判的方针，缺少方针，其他所有的准备都是无意义的。所以，我们应当尽可能细化与量化目标与底线，并确保己方谈判者对其了然于胸。具体可以从以下几个方面着手。

1. 明确己方的目标

明确己方的目标，即明确怎样的价格、产品质量、交货时间才能满足己方的需求。如果没有事先明确目标与底线，那么谈判者就可能在谈判中迷失方向，等到谈判结束后，才发现自己放弃了有价值的项目，完成的并不是符合预期的目标。为此，谈判者可将己方的目标与底线写在纸上，以便在谈判中随时翻阅确认。

2. 明确红线的价值

确定目标与底线实际上就是画红线。团队谈判时，难免出现团队内部对目标与底线的理解存在差异的情况。因此，谈判者应当清楚谈判的红线，这样才有助于团队明确分工，同时不触及红线。

3. 明确优先完成的目标

很多时候，目标不止一个，全部实现当然是最理想的结果。但是，这样的情形并不常见。所以，谈判者应当将想要完成的全部目标分解成若干子目标，然后进行加权计算，将子目标分成优先、次等、无关紧要 3 部分。在谈判时，根据实际情况逐个解决，这样才不至于谈判过于混乱，东拉西扯没有重点。

4. 明确不能接受的条件

谈判是一场博弈，谈判者会提出要求，对方也会提出意见。所以，谈判者要清楚哪些条件是自己无论如何也不能接受的。确认好这一点，一旦谈判时出现这样的情况，谈判者就不要再花时间和精力继续谈判了。

5. 确认让步的底线

谈判不是碾压对方，而是相互妥协与让步，因此，谈判者应当设定界限，确认让步的底线。具体来讲，谈判者需要明确以下问题的答案。

① 我必须拥有什么？对于什么东西我不准备做出任何让步？

② 什么对我来说不重要？什么可以适当放弃？

③ 什么是必须作为交换条件而需要我准备放弃的？

上述问题的答案，一定要清楚、明了，尤其对底线问题，谈判者的答案绝不能模棱两可，否则底线就会被无限突破，从而导致己方利益受损。

谈判是一门有关交换的艺术。既然双方能展开谈判，就说明双方都想获得对方的资源。谈判者能与对方交换的资源，可以理解为筹码。因此，谈判者对自己筹码的了解就显得至关重要。

表 3.2-1 所示的谈判矩阵可以帮助我们将筹码、目标、底线等要素量化，

以保证我们在谈判时方向不出现偏差。谈判团队应在谈判开始前就填写好这个矩阵，如有不清楚的项目，则可等到第一轮谈判结束后，再进一步完善。

表 3.2-1　谈判矩阵

代表方	项目													
	价格	交期	质量	服务支持	结算方式	包装	折扣	技术开放	敏感材料	运输方式	交货地点	检验地点	折旧退货	……
甲方权重														
甲方交换信度														
乙方权重														
乙方交换信度														
双方交换信度														

注:

1."甲方权重"为甲方对某项目的重视程度，用 1~10 打分，重视程度越高，分数越高。

2."甲方交换信度"为甲方愿意拿某项目出来做交换的可能性，用 1~10 打分，可能性越大，分数越高。

3."乙方权重"为通过一定轮次的谈判，评估乙方对某项目的重视程度，用 1~10 打分，重视程度越高，分数越高。

4."乙方交换信度"为通过一定轮次的谈判，评估乙方愿意拿某项目出来做交换的可能性，用 1~10 打分，可能性越大，分数越高。

5."双方交换信度"为某项目交换成功的可能性，用 1~10 打分，可能性越大，分数越高。

通过使用谈判矩阵进行分析，谈判者就能准确知道每个项目推进的难易程度，进而确定如何推进。

【问题】

一个谈判项目，甲方的交换信度是 3，乙方的交换信度是 7，那么这个项目交换成功的信度为（　　　）。

A.3　　　　　　B.4　　　　　　C.5　　　　　　D.10

【问题探讨】

答案为 A，项目交换成功的信度为甲乙双方交换信度的交集。

3.2.2　分层目标，设定 4 类目标

根据目标的达成度，我们可以对目标进行分层，目标可以分为最优期望目标、实际需求目标、可接受目标、最低限度目标，如图 3.2-1 所示。4 类不同的目标，代表了 4 种谈判结果。

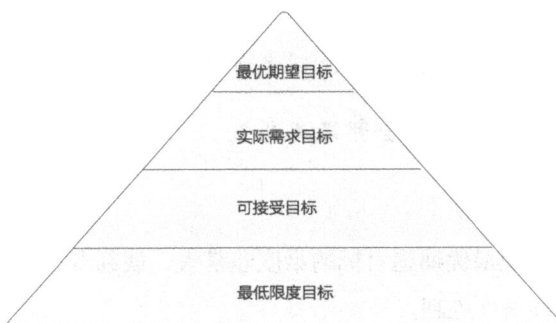

图 3.2-1　分层目标

1. 最优期望目标

所谓最优期望目标，即最终达成的协议远超出谈判者期望值的目标。它具有以下 4 个特点。

① 对谈判者最有利的理想目标。

② 单方面可望而不可即。

③ 有利于推动谈判。

④ 会带来有利的谈判结果。

2. 实际需求目标

所谓实际需求目标，即谈判双方根据主客观因素，经过科学的预测和核算，纳入谈判计划的目标。它具有以下4个特点。

① 属于内部机密，一般只在谈判过程中的某个微妙阶段才可能被透露出来。

② 一般是谈判者的最后防线，如果达不到这一目标，谈判可能陷入僵局或暂停。

③ 一般由对方透露出来，谈判者可适当决策。

④ 关系到己方主要或全部经济利益。

通常来说，实现最优期望目标的难度非常大，谈判者往往退而求其次，将实现实际需求目标看作胜利。

3. 可接受目标

所谓可接受目标，即谈判双方经过综合权衡确定的，能满足双方部分需求的目标，对谈判双方都有较强的驱动力。在谈判中，可接受目标经过谈判双方努力就可以实现。它具有以下3个特点。

① 谈判双方根据各种主客观因素，经过科学论证、预测和核算之后所确定的目标，最大特点是其是推测出的结果。

② 反映了己方可努力争取或做出让步的范围。

③ 如果该目标实现，意味着谈判成功，对双方都有益。

很多时候，谈判往往以可接受目标的实现而告终。需要特别注意的是，谈判者不能过早暴露可接受目标，否则很容易被对方发现己方的让步空间，从而要求己方做出更大的妥协、索取更多的利益。

同时，可接受目标的其他附加值较低，如果条件允许且双方已建立了互信关系，谈判者可以在未来展开进一步的谈判，尽可能争取更多的利益。

4. 最低限度目标

所谓最低限度目标，即谈判者的底线，这是谈判需要达到的最低目标。如果达不到，则会造成谈判失败。最低限度目标是谈判者的机密，一定要严格保守。它具有以下 3 个特点。

① 是谈判者必须达到的目标。

② 己方的底线。

③ 受最优期望目标的保护。

最低限度目标的实现仅仅意味着谈判结果"及格"，它与谈判者的很多期望都有一定距离。如果合作较为顺利，那么谈判者应当在合作过程中再次开启谈判，争取其他方面的利益。

3.2.3 目标分析，做好目标可行性分析

每一场谈判都有不同的特点，如谈判对手、谈判环境的不同等，都有可能造成目标完成程度的差异。所以，我们要提前进行目标分析，确认每一类目标实现的可能性，然后寻找相应的解决方案。具体需要进行的工作如下。

1. 尽可能收集更多信息

良好的准备是成功的一半。

要做好目标可行性分析，谈判者就必须以数据为基础，用客观资料做支撑。所以，信息收集一刻也不能停，信息分析得越透彻，准备就越充分，那么成功的可能性也就越大。要收集的信息，不仅包括谈判对手信息、谈判对手所在企业信息，还有市场信息、文化环境信息以及行业所处周期等，这些都是进行目标可行性分析的重要依据。

在与一家钢铁企业进行采购谈判之前，我们已经获知未来一段时间世界钢铁价格将会持续呈下滑趋势，这就意味着我们很有可能实现最优期望目标。在谈判的过程中，我们不断抛出"全球钢铁市场萎靡、供需关系非常不对等"的信息，并准备好相应区域整个行业的报价表，让对方意识到我们已经对整个行业的情况有了充分了解，他们自然更容易妥协。

不到谈判的最后一刻，信息收集就不能停止，这可以确保自身的信息准备翔实、完善。如果信息在谈判过程中发生了重大变化，谈判者也应及时根据信息调整谈判策略与方针，让谈判始终处于可控状态。

2. 对自身进行有效分析

知己与知彼，同等重要。谈判者自身往往也是影响谈判的因素，故在分析对方的同时，谈判者也要对自身进行有效分析，尤其是自身的不足之处。谈判者确定目标后，应当不断进行内部分析，如"我们坚持的目标是否有漏

洞？" "谈判团队的成员有哪些弱点？这些弱点该如何规避？"

3. 制定多种方案

谈判过程中，确认哪些部分是可以让步的，这需要进行精准的成本核算。同时，谈判者也要确认何时让步、如何让步，才可以获取最大的收益。为此，谈判者必须制定多种方案，以免因为对方突然施压而措手不及，做出不合理的让步。

让步部分属于谈判的弹性组成部分，谈判者切不可因对方一句简单的反驳，就立刻做出大幅让步，这样很容易落入对方的陷阱。在谈判之前，谈判者要制定多种可供选择的方案，根据谈判的实际情况选择合适的方案。

（1）当对方立场坚定且咄咄逼人时，若我方缺乏反击手段，则可适当降低条件进行让步，以推进谈判。

（2）当对方合作欲望较为强烈时，若我方拥有较多筹码，则不妨适当提高条件，追求最优期望目标。当然，条件的提高必须谨慎，切忌因条件过高而为谈判制造壁垒。

3.3　做好谈判前的形势分析

《孙子兵法·形篇》有云："胜兵先胜而后求战，败兵先战而后求胜。"谈判者想要"先胜"，就需要分析形势，找到自身优劣势以及对方的特点等，提前做好全方位的布局。

3.3.1　如何收集谈判对手的有效信息

收集谈判对手的有效信息是了解对手、建立信任的关键。很多谈判破裂的案例，都是对谈判对手了解不足导致的。

A企业想更换供应商，作为A企业一直以来的合作供应商，B供应商想与A企业谈判，以求保持供应合作关系。

谈判前，B供应商只是了解了A企业现在和未来的供应需求。而A企业却收集了B供应商生产、人员、财务等的相关重要信息。

在进行谈判时，B供应商提出想要保持长久的供应合作关系，并展示了自己了解到的A企业的需求信息。但B供应商不知道的是，A企业早已经收集了B供应商的生产、财务等方面的信息，并以此判断，B供应商未来将无法满足A企业的需求。

面对A企业的结论，B供应商显得手足无措，谈判自然也没有任何结果。

由此可见，收集谈判对手的信息是一件至关重要的事情。那么，该如何收集信息呢？主要有以下几种方法。

1. 实地考察

确认谈判事宜后，己方应当派代表到对方企业进行实地考察，对其生产状况、设备的技术水平、管理状况、工人的劳动技能等各方面进行综合观察、分析，对相关的资质文件、许可证等进行拍照留存。

2. 收集公开材料

通常来说，任何一家企业都会进行市场宣传，以提升市场竞争力。这也为己方收集信息提供了更多的渠道，己方应当根据公开材料对对方进行深度分析。公开材料主要包括企业的文献资料、统计数据和报表，企业内部报纸、杂志和各类文件，广告、广播宣传资料，用户来信、产品说明和样品，等等。

3. 关联途径

所谓关联途径，是指通过与谈判对手有过业务交往的人员进行信息获取的一种途径。己方可以对这些企业和人员进行信息询问，以获知谈判对手的业务能力及特点。通过询问获取的这些信息都是在普通记录和资料中无法找到的事实和评价类信息，能够帮己方制定精准的谈判策略，非常有价值。

3.3.2　如何进行形势分析

形势决定了哪一方拥有谈判的主动权。形势分析的一个重要工具就是买卖地位决策模型，即前文提到的卡拉杰克模型与供应商感知模型。

谈判双方处于一种"博弈"状态，谁的地位高，谁就能获得谈判的主动权，像天平的两端，此消彼长。所以，想要让天平向己方倾斜，就必须获得更多的筹码。

那么，该如何对一场重大商务谈判进行形势分析呢？

1. 观念分析

正式谈判开始前，双方会交换一定的文件，文件内容展示的就是谈判双方的观念。我们应当认真分析相关文件，确认双方是否存在观念上的分歧，是否对利益存在明显的认知偏差。如果双方的观念较为接近，这就意味着谈判时气氛不会太过紧张，很多问题都能够通过协商解决；反之，则意味着谈判很有可能处于胶着状态，甚至陷入僵局。针对这些问题，我们应当提前制定解决方案，让谈判尽可能顺利推进。

2. 了解谈判对手的合作意愿

谈判者还需明确对方的合作需求，了解对方的合作意愿。通常来说，可以通过对方的态度确认其合作意愿的强弱，如对方表现出积极的态度，则意味着对方的合作意愿较为强烈。

例如，在提供相关资料时，对方的各类资料准备得很完善，这就意味着对方的合作意愿较强；反之，如果对方提供的基本资料有所遗漏，甚至多次提醒后都未补充完整，这就意味着对方的合作意愿较弱。

对方的合作意愿越强，谈判就越会向有利于己方的方向发展。

3. 深入了解谈判对手的谈判风格

我们一定要多次确认对方谈判团队的组成，对其核心谈判成员进行细致了解，包括他们的兴趣爱好、谈判经验等，尤其是谈判风格。这样才能提前制定应对措施，选择合适的人进行谈判，并制定好相应的谈判策略。

分析谈判形势必然需要分析人，因为人是影响谈判形势的关键因素，也就是要做好对谈判对手的分析。

3.3.3 如何进行行业状况分析

行业状况是形势分析的重要外部因素，我们同样需要对其进行深入的分析，并整理相关数据。这样在谈判中，我们就可以根据整个行业的发展状况，做出有针对性的谈判战略安排。行业状况分析主要集中在以下 4 个方面。

1. 行业发展趋势

谈判者首先要对整个行业的发展趋势进行分析。通常来说，各行各业的行业协会都会发布年度行业性文件，详细说明该行业的发展状况、特点及趋势等。这些行业性文件展现了行业发展的大趋势，是我们了解行业发展趋势的重要途径。

2. 核心要素发展趋势

不同的行业，其侧重点有所不同，也就是核心要素不同。有些行业的核心要素是价格；有些行业的核心要素则是产品或服务。所以，我们必须要明确谈判对手所在行业的核心要素。

通过分析核心要素的发展趋势，并与谈判对手提供的产品或服务进行对比，根据其产品或服务是否使用了核心要素，就可以确认采购的产品是处于行业领先地位，还是落后地位。

3. 主要竞争企业的能力

我们还应对谈判对手的竞争企业进行相应的调查，尤其是调查它们的生产能力、经营状况和市场占有率等，以此判断谈判对手提供的产品、价格或服务的水平，从而对谈判对手的能力形成清晰的认知，并以此在谈判中争取更大利益。

4. 相关产品与替代产品的供求状况

除了分析采购产品所在行业，采购产品的相关产品与替代产品同样是行业状况分析的重点内容。其中，替代产品的情况是制定谈判策略的基础。在谈判时，如果谈判对手的开价过高，我们就可以通过表示"替代产品的性价比更高，如果贵公司不能给出合理的价格，那么我们将进行产品替换"来给谈判对手施加压力，让其主动下调价格。

小刘与某家外贸公司进行谈判时，对方表示这款产品包含自己的核心技术，在市场上几乎处于垄断地位，所以价格没有商榷的余地。

这个时候，小刘拿出一份报告，表示："这是另外一家公司提供给我的资料，资料显示贵公司的这款产品在两年前的确处于垄断地位，但这两年已经有其他公司研制出了同类型产品且价格更低。虽然他们的市场占有率还不高，但对方已经明确表示，可以给我们一个低于当前市场价 25% 的价格。如果贵公司依然不愿意降价，那么我们将会选择与这家公司合作。"

对方没有预料到小刘对其行业状况了解得如此充分，这才意识到小刘是有备而来，于是急忙调整策略，与小刘再次进行谈判。最终，小刘以合理的价格完成这场谈判。

行业状况分析的目的就是帮助谈判者建立更为宏大的大局观，让其能随时根据行业状况信息压制谈判对手。很多时候，我们之所以被谈判对手牵着鼻子走，就是因为没有提前做好行业状况分析，一旦对方的态度较为强硬，我们就无法做出有效还击。同时，对行业状况进行深入分析，既可以让对方感受到我方的专业性，又可以避免被对方所迷惑。

3.3.4　如何进行SWOT分析

SWOT分析法是商业领域常用的分析方法，尤其适用于从企业战略的维度进行分析，其分析结果可用于制定相应的发展战略、计划以及对策等。该分析法同样可以用于谈判前的形势分析，帮助谈判者对谈判对手进行全面、系统、准确的研究。

具体而言，SWOT分析法中的S（Strengths）是优势，W（Weaknesses）是劣势，O（Opportunities）是机会，T（Threats）是威胁。借助SWOT分析法，我们可以进行完善的形势分析，为谈判制定一套完整的策略方案。

使用SWOT分析法进行分析时，可以将SWOT分析法分为两种组合：一种是优势与劣势（SW），主要用来分析内部条件；另一种是机会与威胁（OT），主要用来分析外部条件。具体如表3.3-1所示。

表3.3-1　SWOT分析法

条件		外部条件	
		机会（O）	威胁（T）
内部条件	优势（S）	SO战略	ST战略
	劣势（W）	WO战略	WT战略

1. 优势

优势的具体内容主要包含4个部分。

① 有利的竞争态势。

② 充足的资金来源。

③ 良好的企业形象。

④ 谈判团队中的"明星"等。

这些都可以作为己方的优势，是谈判者在谈判时应当着重强调的。

2. 机会

机会的具体内容主要包含3个部分。

① 对方较为急迫地想要成交。

② 对方处于升级换代阶段。

③ 对方存在明显的劣势。

3. 劣势

劣势的具体内容主要包含 5 个部分。

① 缺乏丰富的经验。

② 对方的竞争力过强。

③ 技术落后。

④ 资金短缺。

⑤ 经营不善。

4. 威胁

威胁的具体内容主要包括行业的政策变化、市场紧缩、突发事件等。

通过 SWOT 分析法，我们可以明确己方的优势和劣势以及所面临的机会和威胁，从而根据事项的轻重缓急或影响程度等对其进行排序和筛选，挑选出对己方发展有直接的、重要的、深远的影响的事项，从而在谈判中优先将其完成。

使用 SWOT 分析法应尽可能将结果量化，以加深认知。需要注意的是，SWOT 分析结果在谈判中是不断变化的，机会有可能成为威胁，劣势也能够转化为机会。所以，我们必须不断调整策略，借此掌握谈判的主动权。

小米的优势是轻资产，这也是其快速发展的关键。但是这一优势也有可能转化为劣势：其产品生产完全依赖于代工厂，自己不能掌握绝对的主动权。所以，小米选择入股 TCL，通过增强生产能力将自己的劣势转化为机会。

格力同样如此，它的优势在于拥有全产品生产线，如技术研发、自主生产等都全由自己掌控。但是这一优势也可能会转化为劣势：重资产导致生产压力过大。

谈判双方在谈判时，应当不断进行能量转换，用自己的优势与对方的劣势竞争，将自己的劣势转化为优势，从而掌握谈判的主动权。

A公司是北京的一家牛奶配送公司，目前与B公司进行合作。B公司在北京周边拥有多个牛奶生产基地，牛奶生产基地距离市区较近，配送能力很强。此时，A、B公司的合作期限仅剩最后一个月，C公司想趁机与A公司建立合作关系。

C公司是刚刚成立的公司，生产基地在内蒙古，虽然与北京市区的直线距离较远，但产品品质更高，并且价格更低。A公司应该与哪一家公司合作？

此时，我们需要运用SWOT分析法。

B公司优势：距离较近，配送速度较快。

C公司劣势：距离较远，不方便配送。

所以，B公司在与A公司交涉时，不断用自己的优势攻击C公司的劣势。

但是，C公司巧妙地抓住这个机会，将自身劣势转化为优势："尽管我们的距离较远，但是这恰恰说明我们的产品更加绿色、安全、可靠，远离市区的污染，我们的产品品质是B公司不能比的。对于食品而言，什么最重要？当然是品质和健康。"

就这样，C公司将自己的劣势转化为优势，同时还展示了自身的机会："我们是新公司，上升空间很大，同时我们也开始进行配送中转站的建设，并且价格更优惠。"

面对 C 公司带来的竞争压力，B 公司也将自己的劣势转化为优势："凭借庞大的物流配送体系，我们可以降低价格，因为我们对成本的控制能力更强，这对于合作来说是非常有意义的。甚至，我们可以把终端服务送给贵公司！"

可以看到，在 SWOT 分析中，优势、劣势、机会、威胁都处于不断转换的状态，发挥出不同的效用。图 3.3-1 所示为 SWOT 能量转换图。

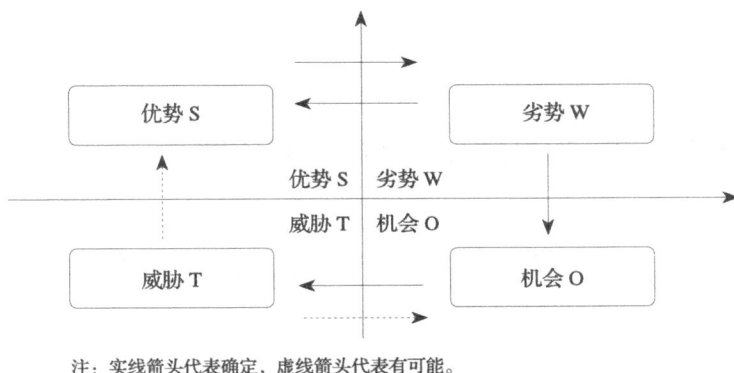

注：实线箭头代表确定，虚线箭头代表有可能。

图 3.3-1　SWOT 能量转换图

通过 SWOT 能量转换图，我们发现 S、W、O、T 可以互相灵活转换。其中，有以下 6 点需要特别指出。

（1）一个优势，对应一个劣势，所以谈判者要提前进行分析并制定好应对措施。

（2）一个劣势，对应一个优势，所以谈判者不要害怕劣势，要学会灵活转换。

（3）一个劣势，也可以转换为一个机会，所以谈判者需要冷静面对并积极探索。

（4）一个机会，往往伴随一个威胁，所以谈判前谈判者需要做好布局设计。

（5）一个威胁，通常可以转换为一个机会，所以谈判者要善于发现转换点。

（6）一个威胁，也可以转换为一个优势，如谈判团队可以用"破釜沉舟"的精神激励士气。

综上所述，谈判者在谈判前要使用 SWOT 分析法进行分析，并学会如何进行能量转换。这样无论对方提出怎样的需求、意见甚至发起攻击，谈判者都可以将其转换为对自己有利的内容，兵来将挡，水来土掩。

3.4　计划谈判，如何制订完善的谈判计划

做好行业分析、SWOT 分析等各种准备后，谈判者就需要制订谈判计划。谈判者应当根据分析结果和项目需求正确评估对手，从而设计、制订出完善的谈判计划。有了完善的计划，谈判者在谈判时才能游刃有余。

3.4.1　如何做好市场优劣势分析

我们可以借助 SWOT 分析法进行市场优劣势分析，以分析出我们在谈判中的优势和劣势。进行市场优劣势分析的关键是收集具体信息，谈判者要从下面 3 个角度着手进行。

1. 根据行业总体情况进行数据调查

商务谈判，如采购谈判，其实质是关于供需关系的谈判，影响最终结果的是价格、数量、付款方式等，这些都是谈判中的核心议题。所以，我们要调查行业整体数据，并将其与我们的预期目标对比。

如果预期价格明显低于行业平均水平，就意味着谈判可能存在一定风险。

谈判者需要准备好其他应对方式，迎接对手带来的挑战。

如果预期价格高于行业平均水平，则意味着我们拥有更多的机会，可以争取到更多的利益。

通常来说，供大于求时，需求方的优势较大。我们应当把握供需关系，尽可能发挥优势，制订层层推进的计划，让对方尽可能答应我们的要求。

2. 调查谈判对手的现状

针对谈判对手，我们要进行细致调查，尤其是其近一年的运营状况，这是分析谈判优劣势的关键。

如果对方是知名企业，且运营状况较好，那么我方的优势就不明显。此时，应当遵循谈判计划的制订原则：在守住底线的同时，尽可能与对方打"合作牌"。与对方达成合作，才有机会将劣势转化为机会。

商业信用、财务状况等要素，都是谈判对手现状调查的重点。尤其当该行业近期出现重大新闻时，我们便可以从中寻找可利用的信息，尽可能找到对方的"软肋"，从而强化自身优势。

有一年，笔者与一家公司进行谈判，对方在价格方面始终不肯让步，导致谈判进展较慢。这时，助手收集到一份材料，是对方公司最新发布的年中财务报告，报告显示对方资金压力非常大。

笔者立刻以此作为突破口，表示："最新发布的年中财务报告表表明贵公司面临巨大的资金压力，这对贵公司明显不利，如果舆论继续发酵，相信肯定会对贵公司的股价产生影响。所以，如果现在我们能够达成合作，并立刻对外宣布，这一定会给市场带来积极的影响，对贵公司是非常有帮助的。"对方听完便答应与我方签约。

3. 了解市场的未来走向

市场的未来走向也会对市场优劣势产生明显影响，尤其是在采购季节性产品时。通常来说，行业协会都会定期发布市场发展趋势报告，这是非常好的参考文件。我们可以借此分析市场的走向，并制订出相应的谈判计划。

如果我方处于优势地位，要大胆占据谈判的主动，并提出较高的要求；反之，我方则应设定合理的谈判目标，同时尽可能与对方达成长期协议，进行更深层次的合作，以此降低谈判频次，进而压缩合作成本。

需要特别说明的是：市场优劣势并不是一成不变的，它会因为行业、企业、政策等要素出现波动。所以，谈判者一旦完成优劣势分析，就要尽快展开谈判，避免在漫长的准备期中，原本的优势逐渐转化为劣势。

表3.4-1是一份谈判对手评分情况，展现了不同谈判对手在不同项目上的优/劣势及得分。我们应当认真填写这份表格，并根据得分确定相关谈判对手的等级，进而确定谈判策略。

表3.4-1　谈判对手评分情况

不同谈判对手在不同项目上的优/劣势及得分							
我方关注项目	关注度	对手甲		对手乙		对手丙	
		优/劣势	得分	优/劣势	得分	优/劣势	得分

3.4.2　如何正确评估谈判对手

1. 多方面多维度评估谈判对手

在评估谈判对手的过程中，我们不仅要考虑对手的特点，还要将其与己方对比，找到彼此间的差距。表3.4-2所示为谈判双方优劣势分析，我们应当认真填写。

表 3.4-2　谈判双方优劣势分析

	己方	对手	备注
优势			
劣势			
谈判实力			

谈判者评估对手时，应从多个方面进行，以确保评估结果尽可能完善。表 3.4-3 所示为谈判对手多维度评估，谈判者可以根据对手特征和对手公司的组织特征，认真、完整填写表格，从而对谈判对手进行有效评估。

表 3.4-3　谈判对手多维度评估

对手特征		具体内容	组织特征	具体内容
年龄			公司形态	
职业			公司员工	
爱好			公司资金	
经历			生产线	
个性			市场	
畏惧的事物			竞争对象	
态度	对谈判者所持的态度		目前状况	
	对竞争者所持的态度		组织架构	
	对组织者所持的态度		价格策略	
	对产品所持的态度		流通手段	
面临的问题			开发计划	
			其他	

2. 识别实际情况

（1）确认对方谈判团队的信息。制订谈判计划时，我们应多次确认对方谈判团队的信息，如果发现对方出现谈判团队成员变动，那么应及时要求对方提供相关谈判团队成员的资料，并根据资料对这名成员进行全方位的考察。

如果可能的话，我们还要深入了解对方谈判团队成员的商务需要和个人需要，换言之，就是了解谈判团队成员"说出的需求"和"没有说出的需求"。如对方"说出的需求"是"不能让步"，而"没有说出的需求"则是对方因之前一次谈判让步太快、太大，被上司严厉批评，所以这次在让步上变得十分谨慎。

图3.4-1所示为商务需要和个人需要。如果我们无法满足对方的商务需要，则可以从其个人需要出发，要求对方做出一定的让步。

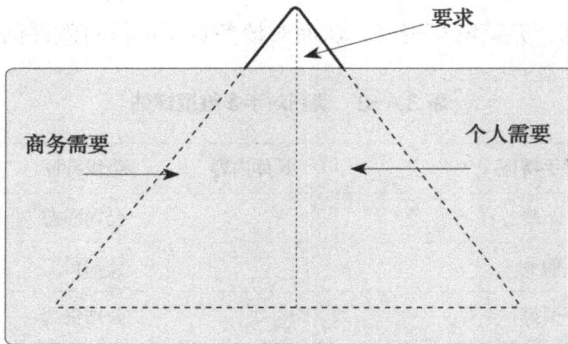

注：方框上方的三角形代表表现出来的需要；而方框中的部分则代表隐形需要，需要去挖掘。

图3.4-1　商务需要和个人需要

"张经理，我知道这次的价格有点低，但你要知道，签下这个订单后，这个月你的个人业绩会继续领跑整个团队。"

（2）不断更新对手企业近期的市场动态。谈判者需实时了解对手企业近期的市场动态，并据此对谈判策略进行完善。倘若其近期的市场动态存在明显变化，那么往往意味着谈判的变数增加。

笔者的一名学员曾经代表某企业进行计算机采购谈判。谈判前夕，他才忽然获知：对方正在开展大规模市场促销活动，零售价降幅高达

20%。

得知这一消息后，他在谈判时表示价格应当再降一些。尽管对方一再解释"供货价与零售价不同，供货价已经是底价"，但是因为其市场促销活动力度较大，降价的要求也可以理解。

最终，为了达成合作，对方虽然没有降低价格，但提供了很多周边产品，如打印纸、配套器材等，并免费延长半年维修时间。

从谈判准备到谈判开始，谈判者都要持续了解对方企业近期的市场动态，识别实际情况，以增加自己的谈判筹码。

3. 检查各方关系

（1）检查与对方谈判者的关系。我们要检查与对方谈判者的关系，了解对方谈判者的从业经历，分析对方谈判者与己方谈判者间的交集。如果己方谈判者曾与对方谈判者发生过冲突，那就要及时更换己方谈判者，避免双方在谈判中出现摩擦。

（2）检查间接关系。在分析对方谈判者时，我们要着重分析是否与其存在间接关系，如有共同朋友等。如果存在间接关系，我们就可以通过中间人进行更深层次的交流，增强谈判效果。

在当下的谈判氛围中，各方之间的关系往往能够直接影响谈判结果。所以，谈判者把握好彼此共同的社交关系并做好关系维护，可以大大提升谈判的成功率。

3.4.3　如何安排谈判环境及时间

通常来说，不同的谈判环境对谈判的气氛和结果会有不同的影响。所以，选择一个对自己较为有利的谈判环境，也是制订谈判计划的关键。

1. 谈判环境设置

（1）不同氛围的谈判环境设置。如果想让谈判环境的氛围较为和谐，那么适宜选择椭圆形的桌子、柔和的灯光色彩、轻缓的音乐或具有合作含义的标语等。如果想给对方施加压力，可以选择长方形的谈判桌、沉闷的桌布颜色、压抑的灯光和严肃的标语等。

（2）不同风格的谈判环境设置。如果谈判并不刻意追求正式，而是希望能够与对方进行深层次的情感交流，那么咖啡厅、茶吧、餐厅等都是较好的选择。需要注意的是，要避免选择太过嘈杂的场合，以免影响双方的谈判情绪。可以提前与场地方进行交流，让其在谈判过程中减少接待客人的数量，保证整个谈判处于良好氛围中。

（3）主客场的特点。谈判地点分为主场、客场以及第三方场合（如酒店、咖啡厅等）。如果谈判地点由己方确定，那么这就是主场谈判。通常来说，主场谈判会对己方更有利。

但需要注意的是，在正式谈判前我们需要注意对方的谈判习惯，尤其是涉外的采购谈判，要尊重对方的习俗，避免谈判环境引起对方反感。

与主场谈判相对的，则是对方确定谈判地点的客场谈判。对于客场谈判，由于我方对谈判环境不熟悉，应当提前进行实地考察，尽可能提前一两天到达目的地以适应环境和恢复精力。

主场谈判与客场谈判各有其优势和劣势，谈判者应熟悉它们的区别。表3.4-4所示为主客场谈判的优势与劣势。

表 3.4-4　主客场谈判的优势与劣势

项目	优势	劣势
主场谈判	熟悉的环境； 有利于自己的谈判环境布置； 不用舟车劳顿； 可以及时获得相应的技术、资料、样品等； 可以安排特定的"人物"出现	无法使用"虚设领导"这一技巧； 如果在自己的公司，难免发生信息泄露
客场谈判	不用安排接待事宜； 可以体验对方的企业文化和氛围； 可以临时邀请对方高层参与谈判	不熟悉环境； 难以快速应对突发情况； 需要提前做行程安排

针对较为重要的谈判，为了避免主客场造成的优劣势差异过大，通常可以

在第三方场合进行谈判。

2. 谈判时间的设置

若无特别要求，谈判时间通常可按正常工作时间安排，如早上 10 点或下午 3 点。设置谈判时间时，我们要考虑到异地谈判或交通情况等因素，合理设置谈判时间，避免出现时间冲突。

如果是国际谈判，我们还需征询对方是否需要调整时差以调整谈判状态。

3.4.4 如何确定谈判议题

所谓谈判议题，就是谈判双方提出和讨论的各种条款项目。确定谈判议题，就是确定整个谈判的基调，保证双方在一个有共同认知的话题框架下进行商讨与讨论。

确定谈判议题的基本原则是按照议题的轻重缓急进行设置。通常情况下，按照"先简单、后复杂"的原则安排议题，对谈判比较有利。

为什么先谈简单的议题呢？

某次谈判主要涉及以下 5 个议题，其重要程度用分值表示，1 分为最不重要，10 分为最重要，具体如下。

① 价格（10 分）。

② 交期（6 分）。

③ 包装（1 分）。

④ 折旧退让（3 分）。

⑤ 技术（2 分）。

那么，如何安排这些议题的谈判顺序？

有人说：价格应安排在最前面，因为价格的分值为 10 分，价格谈妥之后其他都是小问题。于是，双方先就价格展开谈判，但由于双方对价格都很敏感，而且谈判初期对彼此也缺乏了解，谈了几个小时也没有任何进展，双方都产生了"对方不好打交道"的感觉。谈判进行得很艰苦，双方继续相互"折磨"……

但是如果从包装（1分）开始谈判，那么就是另一种局面。当然，谈判伊始，我们不能说："尊敬的对方代表，由于包装不重要，我方提议从包装谈起。"

聪明的做法是将包装说得很重要："尊敬的对方代表，我方提议从包装谈起，因为包装很重要，它是产品质量的直接体现，也涉及运输便捷性以及产品增值性等各个方面……"这样，我们可以对包装提出苛刻的要求，如精确的尺寸要求、颜色要求，乃至胶带纸粘贴宽度与厚度的要求……

对方听完通常会感到"崩溃"：一个简单的包装为什么要弄得这么复杂？

经过一番讨论，我方可以主动做出让步，以获取对方的好感。接下来，我们可以继续谈技术、折旧退让等重要程度低的议题，让谈判的推进更加顺利，使双方建立良好的沟通关系。

然后，我方则可以开始提最重要的价格："今天的谈判很顺利，只剩下价格未讨论。你们提出的20元太高了，我方只能接受18.2元。"

只要价格合理，在前期建立了良好关系的前提下，对方基本不会反对。因为，每个人都在关注边际收益的问题，而当双方在多个问题上达成共识时，对方会产生收益"超乎想象"的感觉：今天都辛苦一天了，好不容易达成巨大的共识，价格只要合理，就成交了吧。

取得这一效果的前提是前期良好的议题顺序设计和布局以及谈判团队的协

同配合。

谈判的目的是实现己方的主要目标，并为己方争取到尽可能多的利益。所以，按照轻重缓急的原则安排谈判议题尤为关键。在进入正式阶段后，己方要在内部形成统一的认知，将涉及的议题一一罗列，并进行全盘分析：哪些议题是主要议题，要列入重点讨论范围；哪些议题是非重点议题；哪些议题可以忽略。

同时，己方还要分析不同议题间的关系，是否存在逻辑漏洞。己方要根据谈判目标罗列出所有的相关议题，尽量做到没有遗漏，并将主要议题告知对方，让对方确认主要议题，从而提高谈判效率。

某一年，小邓所在的公司要与国外一家商贸公司进行谈判。在议题准备的最后阶段，他们忽然发现之前遗漏了一个议题，但是因为时间紧迫，加上认为该议题不是主要问题，小邓并未进行补充。

结果，正式谈判开始后，当他们提出这个议题时，对方谈判者明确表示："这个议题没有按照流程进行提交，所以我们不会做任何答复，因为这有悖我们的规定。"因为这一疏忽，最终谈判破裂。

由此可见，确保谈判议题的完整性十分重要。

除了己方会提交议题，对方通常也会提交相应的议题。拿到对方的议题后，我们应当仔细分析相关内容，确认哪些议题是己方必须认真对待、全力以赴争取的，哪些议题可以根据情况做出让步。只有双方先确定议题的框架、范围、构成，谈判才能在公平的环境下进行。

针对明显不利于己方的议题，我们要尽可能与对方协商，将这部分议题排除在正式谈判之外。当然，多数情况下对方会反对。我们可以通过同意纳入对己方不利但危害不大的若干议题，或是从己方议题中剔除对对方不利的议题来解决这一问题。

3.5 团队准备时，如何筹建一支强大的谈判团队

任何一个组织，无论规模大小都需要进行团队合作。高效的团队合作是组织成员共同努力的结果，因为组织成员间的协作，不是简单的相加，而是一个复杂而微妙的动态过程。作为一支典型的组织团队，谈判团队也是如此。

在现代社会中，谈判往往比较复杂，涉及的范围比较广泛，如产品、技术、市场、金融、法律、保险等。若是国际商务谈判，还涉及国际法、国际贸易、外语等多种要素。面对如此复杂的谈判要素，仅靠个人能力、知识、经验是无法妥善应对的。

那么一支强大而高效的谈判团队该如何组建和准备呢？

3.5.1 成员选择：成员要刚柔并济

谈判中，谈判团队管理者要充分发挥其职能，提高谈判效率。若要从根本上提升效率，就应当在成员选择上做好调配。

谈判团队并非全由性格强势的成员构成就能使谈判取得好的效果。因为性格强势的成员之间可能互相掣肘、互不配合，最终效果也可能不尽如人意。

谈判团队要想发挥最大功效，离不开管理者对成员的管理与控制，更离不开管理者好的管理方法与手段。所谓谈判团队管理，是指谈判团队管理者运用现代管理方法，在谈判团队成员的选择、开发、保持和利用等方面进行计划、组织、指挥、控制、协调等一系列活动，最终实现谈判目标的一种团队管理方法。

谈判团队在选择成员时，不仅要考虑谈判成员的专业性，更要考虑其性格等各方面特性，以及各个成员间的搭配组合情况。

参与谈判的成员构成一个整体，而构成整体的每一个成员对其他成员来说都是形成互补关系的。整体具有强大的战斗力，可以及时适应环境，不断灵活变化阵形。要用合理的方式对谈判成员进行组合搭配，使谈判成员之间"相生相克"，从而产生源源不断的动力，共同推动谈判的进行。

具体而言，谈判团队的成员可分为主谈判和副谈判两类。

1. 主谈判

应该选择那些既不会过分强硬，也不会过于软弱的人担任主谈判。

若主谈判过于强势，就容易"刺伤"对方，导致双方关系破裂，谈判无法顺利进行。若主谈判过于软弱，则会受制于人。

2. 副谈判

谈判团队的成员配置需要遵循刚柔并济的原则。因此，谈判团队应当安排副谈判，使其与主谈判进行有效互补。副谈判包括白脸、红脸、"清道夫"等角色。

（1）扮演"白脸"角色的人要持强硬的态度。"白脸"者单刀直入，直击对方的敏感区域，不留情面，争得面红耳赤也不让步。

（2）扮演"红脸"角色的人要保持温和的态度。"红脸"者语言温和，处处留有余地，一旦谈判出现僵局，便从中调解，挽回局面。

（3）"清道夫"是负责推进计划的人，其实是一个"老好人"角色，在关键时刻"和稀泥"以缓和双方关系。

当遇到态度强硬、咄咄逼人的谈判对手时，谈判团队可利用"红白脸"战术与之交战、虚与委蛇，进行多回合的"拉锯战"后，趾高气扬的谈判对手可能就会感到疲劳，逐渐丧失锐气。此时，己方应抓住时机反守为攻，变被动为主动。

虽然掌握了谈判规律和方法，但要注意，精明的谈判团队从不在谈判对手面前显示自己的"精明"。

3.5.2 责任分工：成员要各有所长

打造高效的谈判团队，离不开成员的选择、搭配与协作。因此，在完成成员选择后，就要进一步明确团队内部结构并进行责任分工，在长短互补中，发挥每位谈判成员的优势。

1. 团队规模要合理，注意控制人数

常见的商务谈判等由于涉及内容较多，谈判团队应当由多人组成，但这会造成谈判成本的增加。因此，控制谈判团队的规模，实质就是使资源成本最小化、团队功能最大化。

那么，谈判团队由多少人构成最合适呢？国内外专家普遍认为一个成熟的谈判团队一般由 6 人构成，如图 3.5-1 所示。

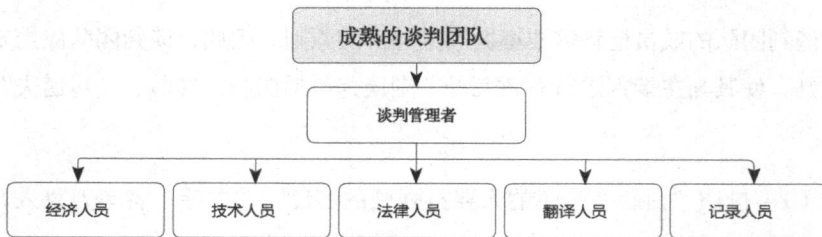

图 3.5-1　成熟的谈判团队的构成

在图 3.5-1 中，成熟的谈判团队主要由谈判管理者、经济人员、技术人员、法律人员、翻译人员、记录人员 6 种成员构成。

当然，成员的数量应当根据情况及时进行调整。例如谈判双方使用同种语言进行谈判就不需要翻译人员；进行涉及技术领域的谈判时，可由技术人员兼任谈判管理者。

不论怎样，谈判团队的构成都应当与人力成本、谈判目标、谈判规模、谈判内容等相适应。在确保谈判计划正常推进的同时，尽量避免多余的成员设置，力求成本最小化。

2. 专业分工要明确，注重性格互补

要想谈判成功，仅组建一个高效的谈判团队是远远不够的。

任何时候仅依靠个人力量是远远不够的，还需要发挥整体力量。所以各成员不仅要有专业的谈判技术，更要密切配合。

其中，谈判管理者应当具备基础的专业知识、灵活的应变能力和出色的谈判技巧；其他成员则应当具备过硬的专业素质。谈判团队在任何一个部分出现了短板，都会影响整个谈判，甚至造成巨大损失。如法律人员专业水平较低，就无法发现条款漏洞。

谈判团队的成员不仅需具备足够的知识与较强的专业能力，还要在性格上互补，并形成明确的责任分工，避免某一成员成为谈判对手的突破口，导致谈判失利。

总而言之，谈判团队的互补与分工应当遵循知识具有互补性、性格具有互补性、能力具有互补性、分工明确等原则，如图 3.5-2 所示。

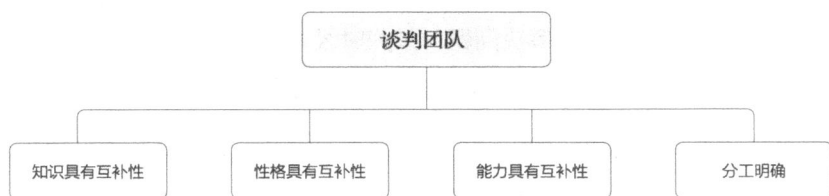

图 3.5-2　谈判团队的互补与分工

总之，好的谈判团队是同向、同步、共振、共鸣的。一个好的谈判团队加上科学的管理就是一个优秀的谈判团队；一个优秀的谈判团队是上下一心、同心同德、彼此认可的集体。只有大家齐心协力，同进退、共患难，才能保证谈判目标得以实现，也才能使谈判团队发挥出最大作用。

3. 责任分工要妥当，学会角色分配

谈判团队管理者还需对成员责任进行进一步分工，并将成员分为守门人、影响者、决策者、经办者。谈判团队管理者要按照这 4 种角色，合理确定谈判成员的责任。

（1）守门人。所谓守门人，即底线的坚定守卫者。这一角色的作用在于不让底线被突破。遇到对手无限制的压制时，他可以挺身而出，针对对方意见

给出强硬回复，让对方放弃不切实际的要求。

守门人因为要守护己方底线，所以应当具备足够的影响力，性格稳重、气场强大，能够给对方施压、给己方镇场。

因此，守门人通常年龄较长、在行业内具有一定地位，且具有"不怒自威"的气质，能够通过简单的言语，让对方意识到其已经触碰了己方的底线，己方不可能再做出一步退让。

（2）影响者。在一场谈判中，影响者的出场频率往往最高。他们需要不断展示数据、完善细节、进行反制，是谈判中工作量最大的角色之一。

基于影响者需发挥的作用，应当选择年富力强、朝气蓬勃、思维敏捷的谈判者担任影响者。

影响者需要具有眼观六路、耳听八方的能力，不断分析谈判过程中的各种变化，并快速找到突破口以解决问题；某些时候，甚至需要影响者通过插科打诨的方式，在短时间内化解谈判中的尴尬，调节谈判的氛围。

尽管影响者并非最终决策人，但正是在其不断的发言与影响中，谈判才能持续向前推进，并不断刺激对方进行表达，影响者进而通过对对方发言中的细节捕捉为己方创造优势。

因此，谈判团队管理者不应当只指定某一人扮演影响者，而应充分发挥每位谈判成员的特点，共同对谈判推进施加正面作用。

（3）决策者。决策者，顾名思义，其掌握着对议题最终拍板的权力，是整场谈判的核心人物。决策者不仅需要对最终决策进行确认，还要在重大问题上做出权威答复，是己方谈判团队的代表。

所以，决策者通常由己方企业领导担任，其具备绝对的权威，能够代表谈判团队给出最终意见。与影响者相比，决策者的发言可能不多，但说出的话、做出的承诺却能具有公信力。

（4）经办者。经办者是负责将谈判协议落地执行的人。通常来说，经办者需要在双方达成一致意见后，根据业务的实际情况，明确相关细节的执行方案，让意见得以落地，让双方对后续执行达成共识。所以，经办者应当具有丰富的实际操作经验，通常由己方企业科研、生产、管理人员担任。

经办者应当在谈判前制定多套执行预案，并在谈判过程中快速根据谈判协议对预案进行修改，以形成完整的合约。经办者是体现企业真正实力的关键，能够向对方展现己方的履约能力。

上述 4 类角色是谈判团队的主要组成部分，能够在责任分工、角色分配中有效推进谈判目标的达成。

根据谈判规模和具体场景的不同，这 4 类角色的数量也并非完全固定，而应实时调整。例如，若对手谈判团队的风格是"纠缠"，那么影响者的数量应当适当增加；若双方的意见较为统一，主要谈判点在如何具体执行上，那么经办者的数量应当适当增加。根据谈判的类型与内容组建谈判团队，这样才能创造有利的谈判条件。

3.5.3　计划准备：团队谈判计划要提前准备

谈判计划如何具体展开？选择哪种谈判策略作为主策略？这些问题需要在团队组建后立即着手解决。只有做好完善的计划和准备，谈判才能快速有效地推进。

具体来说，准备阶段的谈判计划主要由以下 5 个部分组成。

1. 谈判议题

谈判议题，即谈判双方提出和讨论的各种问题。议题要尽可能精准，如果有多个议题，应当根据重要性划分优先级，保证先解决首要议题，再解决次要议题。

2. 时间安排

谈判在什么时间进行、预计进行多长时间，每个时间节点需要实现怎样的目的，不同议题该按照怎样的时间顺序展开，等等，解决这些问题能够帮助我们厘清思路，找准谈判节奏。表 3.5-1 所示为时间安排。

表3.5-1　时间安排

谈判议题	重要性	时间安排	备注

3. 通则议程

所谓通则议程，指的是谈判双方共同遵守并使用的日程安排，一般要经过双方协商同意后方能正式生效。一般来说，通则议程包括谈判总体时间和分段时间安排、问题讨论的顺序、谈判的一些注意事项、谈判地点与招待事宜等。

4. 细则议程

细则议程只供内部使用，属于保密性文件。细则议程包括团队谈判中需要统一口径的内容，举例如下。

① 发言观点、文字资料说明。

② 己方的发言顺序。

③ 棘手问题的决策者。

④ 可以要求暂停谈判的情况。

⑤ 谈判团队的替补成员。

⑥ 己方某一个议题的谈判期限。

⑦ 己方的补充发言者。

⑧ 己方的总结发言者。

细则议程越完善，谈判进程就会越顺利。尤其是提前对关键部分做好规划，非常有助于快速解决问题。

5. 注意事项

还有一些细节问题，谈判者在计划准备阶段应注意。

（1）扬长避短。在程序上尽可能扬长避短，在人员上合理配置，保证己方的优势能够充分发挥。

（2）精准。尽可能将时间节点精准化，保证议题有效推进，避免漫长、无价值的讨论。

（3）注意保密。不要将己方的谈判目标，特别是最终谈判目标通过议程和盘托出，避免己方陷入不利境地。

（4）应急方案。针对棘手问题一定要提前准备好处理机制或应急方案，避免因准备不足而出现谈判无法进行的局面。

3.6　准备谈判时，如何创造有利的谈判条件

基于完整的分析与计划，谈判团队即可开始准备正式谈判。此时，谈判团队要通过与对方充分沟通，尽可能细化可能遇到的问题，并敲定解决方案，在此过程中创造出对己方有利的谈判条件。

3.6.1　如何确定己方和对方团队的裁定权

在采购谈判中，裁定权是指对于某些问题进行结论性的确认与回复的权力。一旦确认就意味着双方在某个问题上达成了一致。谈判双方都有属于自己的裁定权，我们应当尽可能争取自身的裁定权，以掌握谈判的主动权。

在谈判准备阶段，我们需要与对方进行沟通，确认相关议题、细节的裁定权究竟在哪一方。确认后，双方应当签署文件，表明同意裁定权的设定。

表 3.6-1 所示为用于设定裁定权的表格。我们可以进行标记，以确认双方

各自拥有的裁定权。

表 3.6-1　裁定权设定

裁定权内容	甲方	乙方
品质裁定		
数量裁定		
交货期裁定		
谈判终止裁定		
赔偿裁定		
专业知识裁定		
惯例裁定		
优先诉讼地裁定		

3.6.2　如何确定合适的谈判界限

为了避免谈判议题超出界限，导致谈判精准度不够、超出决策权限等情况，我们应当确定合适的谈判界限，保证议题不偏离正确轨道。

1.明确谈判目的

谈判前，我们要与谈判对手明确谈判目的，让双方的关注焦点得以统一。例如，本轮谈判的目的是采购某一款产品，那么谈判重点就是该产品的单价、数量和交货期，而不用过多讨论其他要素或其他产品。我们要根据谈判的内容，划定明确界限，并向对方详细说明。尤其对重点内容，一定要着重向对方申明，让对方了解谈判界限在哪里。

如果在明确谈判界限后，对方仍然有意将话题引导至界限外，谈判团队可直接指出："不好意思，我们这次谈判的重点是这款产品。我们希望谈判可以回到这一点上。您推荐的那款产品，如果谈判结束后还有时间，我们很乐意进一步了解。"

2. 分析谈判结果

前面我们将谈判目标分为最优期望目标、实际需求目标、可接受目标、最低限度目标。

其中，实际需求目标、可接受目标通常较容易得到双方认可；而最优期望目标、最低限度目标则都存在明显失衡，可能造成一方不满、增加谈判难度。

针对最优期望目标、最低限度目标，我们要分析目标达成后的可能结果。

例如，对方企业当下正遭遇较为严重的资金链问题时，我们通过各种手段，实现了最优期望目标。但通过成本核算，我们发现对方的利润率非常低，与我们合作无法给对方企业带来实际帮助，那么很有可能在执行阶段会出现对方心存不满消极怠工、提供的产品品质不佳、交货期延长等情况，这样反而会给我方带来麻烦。

基于类似分析，在确定谈判界限和设定最优期望目标时，我们应当考虑对方诉求，确保最终协议适合双方、能够促成双赢，以优化谈判效果。

记住，谈判并不是零和博弈，其目的不是一方战胜另一方，而是实现双赢。也许谈判过程中会出现针锋相对的局面，但最终目的是让双方需求都被满足。

3.6.3 如何确定谈判议程

谈判准备工作的最后一步是确定谈判议程。该议程不仅要经过己方内部确认，还应当及时交给谈判对手，让他们了解本次谈判的议程，并提出意见，确保双方达成共识、做好准备。否则，当谈判开始后，如果对方不认同己方谈判议程，谈判就容易陷入僵局，无法顺利推进。

谈判议程的确定主要包括以下 4 步。

1. 设定谈判议题

我们应将谈判议题及其重要性、分歧性罗列出来，并划分优先级，细化与议题相关的问题。表 3.6-2 所示是谈判议题设定表，应当认真填写。

表3.6-2　谈判议题设定表

谈判议题设定表				
谈判议题	重要性	分歧性	优先级	与议题相关的问题

2. 明确谈判时间

我们要根据议题的轻重缓急合理安排谈判时间。首先要确定每一个议题的开始时间、结束时间；其次还要根据对方需求，对谈判时间进行一定的调整；最后双方达成一致、共同签字后，谈判时间就得以确定，任何一方都不可随意违背。

3. 制定细则议程

谈判议题和谈判时间既是谈判的通则议程，也构成了谈判的主框架。而细则议程则需要进一步完善。细则议程包括以下4点内容。

① 相关文件、资料的规范格式，资料来源的说明。

② 何时进行休息，何时可以暂停讨论。

③ 是否需要仲裁、诉讼，何时处理，由谁处理。

④ 如果需要更换谈判成员，何时更换，替补成员是谁。

4. 敲定谈判地点

最后一步则是敲定谈判地点。

如果由我方确定谈判地点，那么我方在满足自身联络、布置、熟悉等需求的同时，也要询问对方的特殊要求，尽可能避免选择的场地与对方的企业文化、习惯相冲突。

如果由对方确定谈判地点，那么我方应当详细说明相关注意事项、禁忌等，同时委派专人前往场地查看，了解场地的风格特点，避免因不适应场地影响谈判效果。

如果双方经过协商，发现在谈判地点方面的矛盾较为尖锐，那么不妨选择中立场地作为谈判地点，以此缓解紧张情绪，促成共赢。

3.6.4 如何进行谈判演练

谈判正式开始前，我们还要进行演练，模拟可能出现的场景，并进行针对性的调整与设置。

1. 会面场景演练

谈判的第一步是与对方会面，因此，进行谈判演练时也要注重会面场景的演练，从会面开始就为己方创造优势，具体包括如何寒暄、如何介绍谈判者，如何与对方重要谈判者进行亲切交流等内容。

这些细节内容看似无关紧要，却关乎整场谈判的开展。在会面时给对方留下良好印象，也有助于营造和谐的谈判氛围。

如果条件允许，我们应当提前前往谈判地点，在真实的谈判环境中进行演练，并不断调整相关内容。

2. 根据先例演练

了解对方的谈判经历，尽可能寻找完整的案例进行分析，并以此展开静态的演练。我们要摸清对方的谈判风格，并通过案例进行演练，发现其中规律，吸收适用于自身的经验，从而做到有的放矢，这样才能在谈判中把握先机。

3. 演练一切可能

谈判团队需尽量构思出可能出现的场景，并抓住重点，进行专项演练。尤其针对可能出现的尖锐问题，应当设定3~4种不同风格的场景进行演练。演练的内容越丰富、角度越全面，就越能帮己方树立谈判信心、增强临场应变能力。

谈判测试：你是否做好了谈判准备？

谈判开始前，我们来做一下测试，看看自己是否已经做好了准备。

1. 你此刻的心情怎样？（　　　）。

A. 很平静，在准备各类细节

B. 有一些紧张，觉得有些地方准备不足

C. 紧张，觉得自己自信心不足

D. 特别紧张，很害怕谈判的结果不好

E. 完全没问题，像正常生活一样

2. 对于对方信息，此刻的你（　　　）。

A. 完全了解，进行了充分的数据分析

B. 非常了解，知道对方的经历

C. 了解，知道对方谈判团队的组成

D. 基本了解，知道对方谈判团队有几个人

E. 不了解，不知道对方的情况

3. 对于这次谈判需要准备的知识，你（　　　）。

A. 已经准备完毕，并进行了多次温习

B. 毕业于相关专业，对一些问题进行了温习

C. 一直在相关行业中，不需要进行特别复杂的准备

D. 简单进行了了解，向前辈请教过

E. 没有准备，谈判时见招拆招

4. 对于这次谈判的目标，你是否已经有了非常完善的规划？（　　）。

A. 已经设定好上、中、下、最低 4 个分类，并有精确的标准

B. 已经设定好上、中、下、最低 4 个分类，设定了较为精确的标准

C. 已经设定好上、中、下、最低 4 个分类，有一个较为模糊的数字区间

D. 设定了简单的分类，但没有具体划分区间

E. 不需要设定分类，谈判中随机应变

5. 对于对方的底线，你（　　）。

A. 已经进行了完整且细致的调查，并且与团队其他成员进行过讨论，得出了较为精准的结论

B. 已经进行了完整且细致的调查，将其写在了自己的笔记本上

C. 进行了相应调查，但一些细节问题还没有完全确认，获得了较为精准的数据

D. 进行了调查，对其底线有了一个初步的判断

E. 没有进行任何调查，因为有其他团队成员负责这件事

6. 你所在的谈判团队是否进行了分工？你的主要职责是否已经确定？（　　）。

A. 已经进行了明确的分工，自己有了非常精准的定位。同时，团队已经设定好替补成员

B. 已经进行了明确的分工，自己有了非常精准的定位

C. 已经进行了分工，自己的定位较为明确，同时还要承担其他一些职责

D. 已经进行了分工，但是并没有明确自身职责，需要根据现场情况灵活判断

E. 公司人手不够，进行了分类，自己需要担任多个角色

7. 你所在的谈判团队，成员之间是否熟悉？是否能够有效互补？（　　）。

A. 非常熟悉，大家已经共事多年，很多问题都能够快速解决

B. 非常熟悉，基本上都是多年的老同事，只有一个新人，但已与他进行了简单的沟通

C. 较为熟悉，多数都是本部门同事，但自己与一名成员曾经有摩擦

D. 基本上都熟悉，即便没有共事，但都在公司里见过面

E. 完全不熟悉，自己是刚入职的新人

8. 对于对方的目标，你（　　）。

A. 了解。已经与对方有过较为完善的前期接触，彼此之间已经交换了意见

B. 了解。和对方已经有过接触，除核心问题外，对其他问题有了较为清晰的判断

C. 较为了解。对方已经主动发过来一些诉求，但还没有经过认真求证

D. 不太了解。与对方接触的时间较短，仅在一些基础问题上有些许沟通

E. 完全不了解。不知道对方的目标究竟是什么

9. 你是否已经进行了 SWOT 分析？（　　）。

A. 已经做了完整的分析

B. 对优势和机会做了完整的分析，对于其他部分的分析稍有不足

C. 做了一定分析，但不是特别完整

D. 数据不足，做了分析，但并不知道是否准确

E. 完全没有分析

10. 针对本次谈判，你已经进行了（　　）。

A. 非常完善的安排，并针对可能出现的问题做了有针对性的准备

B. 非常完善的安排，等到谈判开始时会按部就班地推进

C. 对重要的核心议题进行了安排，对其他次要问题进行了简单的布局

D. 有了框架安排，但不是非常细致

E. 完全没有安排，到时候每个人随机应变

评分值标准与得分解析

选择 A 选项得 10 分

选择 B 选项得 8 分

选择 C 选项得 7 分

选择 D 选项得 6 分

选择 E 选项得 5 分

总得分在 90 分及以上：完全做好了准备。

总得分在 80~89 分：几乎做好了准备，需要完善一些细节。

总得分在 70~79 分：有一定准备，还需要进一步完善。

总得分在 60~69 分：做好了基本准备，但非常不足。

总得分在 60 分以下：完全没有准备。

第 4 章

谈判的实施：稳扎稳打，逐步推进

谈判讲究节奏，我们需要提前做好分析、稳扎稳打；根据实际情况进行全方位布局，并在谈判中逐步解决核心议题，努力与对方形成共识，最终达成既定谈判目标。

4.1 谈判开始阶段，如何创造良好的会谈环境

正式进入谈判阶段的时候，我们需要创造一个良好的会谈环境，让彼此获得安适感，这可为谈判的顺利进行做好铺垫。

4.1.1 如何进行团队介绍

谈判双方初次见面的重点内容是团队介绍。为了营造和谐的氛围，谈判双方应当尽量幽默地介绍每一名成员，让双方的心态尽可能放松。建议选择一名气质形象佳、外向开朗的谈判者作为介绍人，若其与对方谈判者相熟则更佳。

"百闻不如一见，一直听说贵公司都是俊男美女，今天见到果然如此，尤其×××，可真是一表人才！咱可真是自惭形秽呀！"

在初次介绍团队的过程中，不必详细介绍每位成员的具体职责，只需介绍其姓名、职务即可。一方面是因为对方已经对谈判团队的构成有了充分了解；另一方面是因为太过详细的职责介绍，会让对方感觉像"下战书"，容易产生敌对情绪。

4.1.2 如何真诚表达美好的期望

"真诚地欢迎贵公司前来，希望这一次我们能够圆满解决问题。这次谈判关系到我们两家公司非常重要的一次合作，通过这一次的互相了

解，未来咱们合作的领域也会越来越广泛！我代表我们谈判团队所有成员，向各位老师表示欢迎，我相信我们一定会取得非常好的结果！"

这种期望式语言会让对方感到轻松、满意，能为接下来的谈判做好铺垫。要注意，应由己方谈判团队的管理者来表达期望，与对方进行面对面的交流。否则，对方可能因己方委派的成员级别不够，感觉不受尊重，而在后续谈判过程中不配合。

在简要介绍和表达了真诚的期望之后，谈判者即可让谈判进入正题。

"咱们在之前已经有过非常愉快的交流，针对很多问题其实已经达成一致，这次会面更多是交换意见。我相信，这次交流一定非常顺畅。我有预感，这次谈判的效率一定会比预期还要高，很快就能结束！"

这样的表达方式并非在强调希望能够迅速结束谈判，而是为了尽可能让对方感受到我们的态度，使对方共情。没有人喜欢漫长、激烈的谈判，在见面时表示出渴望友好协商的态度，有利于谈判的顺利进行。否则，一开始就表现出"白脸"会立刻让对方进入战斗状态，使谈判从一开始就进入对立、抗衡的境地。

4.1.3 如何营造谈判环境

除了语言上的寒暄，还要注意对谈判环境的营造，保证双方在一个舒适的场景中进行交流。营造谈判环境时，以下 3 点需要特别注意。

1. 谈判时间

初次谈判的时间要尽可能避免过早或过晚，通常来说以上午 10 点或下午 3 点为宜。这样做的目的是让双方在谈判开始前有充足的准备时间，避免因太过仓促产生较大压力。双方第一次见面之后，可根据谈判所需时间将下次谈判时间提前或延后。

2. 环境温度

同时，我们还要根据当天的天气情况，提前对酒店、会议室等进行温度调节，保证双方在一个舒适的状态下进行谈判。通常来说，我们应当安排一名接待人员至少提前一小时到达谈判地点，对相关事宜进行安排与部署。

3. 带好道具和设备

初次见面通常不会直接进入谈判主题，但是我们依然需要准备好相关道具与设备，如笔记本电脑、投影仪、便笺、资料等。这样做的目的是通过细节让对方看到我们对谈判的重视，从而信任我们。

4.1.4　如何在沟通过程中展现职业素养

每一名谈判成员都代表着企业的形象，所以要提高职业素养。如果谈判成员形象不佳、交流时答非所问，就会给对方留下不好的印象。

谈判成员在谈判前一天要做好场地的清洁工作，当天清晨再次进行整理；服饰要有职业特色，既能体现企业特点，又能体现行业特点；进行专业内容的交流时，要言之有物，让对方感受到己方的职业态度与专业能力。

在与对方进行具体沟通时，要遵循职业、专业的原则。谈判成员在沟通过程中要注意自身言行，确保大方得体，既不要过分亲热也不可过于冷漠。

即便某位谈判成员与对方谈判成员熟悉，也不要勾肩搭背、口不择言。要记住：商务谈判是正式的商业社交活动，谈判双方之间可以有友谊，但也要避免破坏谈判氛围。

某一年，小郭所在的公司与一家商贸公司谈判，对方谈判团队中的一员恰恰是他的大学同学。见面后他飞奔过去与老同学拥抱、攀谈，不顾场合地聊起大学时候的事情，中午宴会时还与对方喝得酩酊大醉，导致对方谈判团队管理者非常不满。最终因二人关系过于亲密担心机密泄露，双方决定取消此次谈判。

这一案例告诉我们：不要随意触及敏感问题，谈判重心应放在双方的愿望、需求及利益上，需要利用职业素养与专业能力，来营造良好的谈判气氛。所以，在初次见面时，谈判双方应注重谈判氛围的营造，不用刻意过早进入正式谈判，以免破坏谈判氛围。

4.2　谈判实质阶段，如何明确对方意图，并表达自我意见

进入谈判实质阶段后，谈判的重点是：明确对方意图，并表达自我意见，双方展开核心交流。在这个阶段，我们该如何把握谈判的核心?

4.2.1　如何正确评估谈判对手

正式进入谈判后，我们同样需要对对方进行评估。这个阶段的评估是为了逐渐明确对方的意图，所以，灵活运用开放式提问，直接得到答案是关键。与此同时，我们还要运用好"听"的技巧。

1. 认真听

我们要学会"听"，从细节处捕捉对方的意图与想法，判断对方的期望与底线、优势与劣势，做到心中有数。

某一次谈判中，对方表示："其实今年是整个行业的'大洗牌'阶段，预计明年产业会全面升级。我们现在也在做这个规划。"笔者立刻意识到：如果对方开始进行产品升级，这就意味着这批产品即将进入库存阶段，当前对方最主要的目的是进行库存销售，这意味着我方很有可

能以一个更加优惠的价格拿到这批产品。

笔者将这个细节与谈判团队其他成员进行了分享，随后，有专人开始进行相关调查，调查结果验证了我的想法，我们据此快速制定出新的报表。经过后续的谈判，我们最终以更加优惠的价格顺利结束谈判。

听是一门艺术，很多时候对方不会明确表达其意图，但会在不经意间透露出一些信息。这些信息恰恰是我们最需要的，是我们快速深入了解对方意图的最佳途径。

2. 开放式提问

在合适的时机，我们要巧妙采用开放式提问，让对方透露我们想要的信息。

需要注意，开放式提问并不是直接询问。"您说的是××××意思吗"这种提问方式太过直接，很容易引起对方的警惕。

正确的做法应当是：在对方说话的间隙，把所听到的观点通过自然得体的语言阐述出来。提问时要让对方感觉自然，这样才能达到目的，促进沟通顺利进行。

"我记得您刚才说可能明年准备升级生产线，确实，我和其他供应商交流后得知，他们也有这方面的打算。不过，他们都和我表示，升级生产线特别复杂，涉及很多方面，贵公司具体有何计划呢？"

"对，的确很复杂，不仅要对新生产线进行设计、采购，还要处理好旧生产线和旧产品的问题……"

这样的提问没有攻击性与目的性，在开放式提问中，对方的回答通常也不会有明显边界，这样我们就有了获取更多信息的机会。一旦对方透露出更多信息，我们就能对对方的实质需求和底线做出明确的判断。

4.2.2　不随意表露自己的观点

我们会通过倾听与提问对对方进行评估，同样，对方也会采用相似的手段对我们进行评估。为了保证底线、目标不被泄露，我们需要使用"反评估手段"。——在明确对方的意图之前，不随意表露自己的观点。

　　小郑与一家公司展开谈判，双方在交流中不断交换各种信息。忽然，对方问道："听说贵公司下半年要进军印度市场？我听到相关的传闻。"

　　小郑不明白对方为何如此提问，没有多想就回答道："是的，我们上周刚刚成立事业部。不过进军印度市场不是很容易，现在我们还不打算正式对外公布。"

　　很快，小郑意识到自己犯了个大错。在随后的谈判中，对方不断围绕这一问题进行攻击，表示"印度市场目前相关产品处于供不应求的状态，你们要想顺利拿到订单，就应当配合我方的节奏"。最终，小郑因为自己的失误，不得不以较高的价格完成谈判。

　　谈判团队应当要有这样的意识：谈判过程中的交流都不是无意义的，我们在挖掘对方的需求，对方同样也在试探我们的底线。所以，在明确对方的意图之前，不要随意表露自己的观点。我们可以不做正面回答，而是绕个"圈子"，在隐藏自身底线的同时，迅速跳过当前的话题。如在上文的例子中，我们可以做出如下回答。

　　"这个我也不知道，这种计划都是公司高层才能了解的，我和你一样，也是看了新闻才知道的。不过我可以和你明确说明：至少我还没有接到这方面的通知。"

4.2.3　如何进行团队协作

谈判团队就像一驾马车，由不同的部分组成，每一个部分都有自己的职能。只有当所有成员聚合为一个统一的整体时，谈判团队才能真正发挥出应有的作用。

想要进行团队协作，必须做到以下3点。

1. 做好台前与幕后的分配

对于较为重要的谈判，为了保证谈判的效率与效果，谈判团队通常分为"台前"与"幕后"两个小组。

台前小组负责在谈判桌前与对方"战斗"，幕后小组则在后台为前者提供"弹药"，如数据资料、市场信息或策略建议。两个小组只有共同合作、密切配合，才能掌握谈判主动权。

幕后小组为台前小组提供相关资料、数据与战略，负责指导、监督台前小组按既定目标和准则行事；而台前小组则会根据现场的实际情况，进行灵活的战术调整。所以，必须做好台前小组与幕后小组的任务分配，避免台前小组不听幕后小组的指挥乱谈判、幕后小组不看台前小组面对的实际情况瞎指挥等情况。

需要强调的是：幕后人员不能过多，需要能给出真正有效的资料和有用的建议；幕后人员也不能过多地干预台前人员，要充分信任台前人员的专业能力和应变能力。这样才能保证整个团队真正做好谈判工作。

2. 积极寻求团队的支持

每一名谈判成员都有自己负责的部分，但谈判桌上风云变幻，经常出现对方的提问超出自身责任范围的情况。面对这种情况，谈判成员不能擅作主张，而是应当积极寻求团队的支持。

我们可以向对方表示："您问的这个问题，因为不是我负责的领域，所以我不能做明确的答复，稍后 ××× 会为您详细解答。"

同时，谈判团队管理者还应做好准备。如果某个问题过于棘手，相关谈判成员没有权限进行回答，那么谈判团队管理者应当及时挺身而出，帮助谈判成员解决问题。一个负责、懂得管理的团队管理者，能有效提升整个团队的战斗力。

3. 遇到问题，及时召开小组会议

团队协作最忌讳的就是各成员陷入各自为战的境地，彼此之间信息沟通不畅，导致在对手面前自相矛盾。所以，团队成员应当学会合作，尤其在遇到较为棘手的问题时，主谈判者应当及时起身，暂停谈判，然后利用短暂的休息时间，召开小组会议，将问题一一罗列出来，快速制定解决方案，并重新布置任务、安排分工。

4.2.4 如何表达自我需求

要想与对方进行有效的交流，很重要的一点是让对方真正明白我们的意图和诉求。如果我们的表达模棱两可、没有逻辑，对方就无法理解我们的需求。

所以，清楚地表达自我需求是打动对方的关键。掌握以下 5 个方法有助于实现这一目的。

1. 使用恰当的语速

语速是表达的关键。在陈述重要意见时，要尽量做到语速平稳，避免语速过快，使对方产生对立情绪。在特定的场合下，可以通过改变语速来引起对方的注意，增强表达效果。

2. 重点突出核心内容

谈判围绕核心内容展开，只有将主要精力放在对核心内容的表达上才能让

对方理解我们的诉求。所以，在谈判过程中，要做到重点突出、主次分明，不能随意偏离核心内容。

谈判时，我们不妨按照谈判节奏直接表达意见和诉求。

3. 通俗易懂

尽管很多谈判涉及专业内容，但我们也应注意到对方谈判成员可能并非专业人士。而且在有限的谈判时间内，我们很难对专业内容进行详细解释。所以，为了保持良好的谈判节奏，我们在阐述时应当使用通俗易懂的语言，便于对方理解我们的需求。如果需要使用较为专业的词汇、法则或规律等，应当加以解释。

最好的方法是在谈判准备阶段就对专业内容进行有效编辑，并制作主题卡片、解释字条等，在阐述时将其进行展示或提前递交给对方，以便对方理解。这样做能让对方感受到己方的诚意，理解己方表达的意思。

4. 精确严谨

谈判是一项正式的商业社交活动。在阐述内容时，如果涉及数字，要给出精确数值，如价格、税率、质量、规格等，并通过图表等进行展示；如果涉及法规文件，则要讲出对应的发文字号、条款及内容；如果需要引用第三方文件，则应当详细说明第三方机构的名称、地位、文件发布时间等，保证内容精确严谨。

5. 慎重修正

随着双方的不断沟通，谈判内容会呈现出深化、细化的特点，己方表达的需求也会持续深化、细化。在这样的过程中，谈判团队一定要控制表达节奏，在层层递进中让对方理解己方需求，尽量避免对已表达的内容进行修正。

如果需要对已经表达的内容进行修正和补充，应尽可能一次性补充完毕，并采用合适的语言，巧妙地将修正意见融合在补充意见中。切忌对已经表达的内容进行反复修补，甚至推翻之前的结论，这会极大地损害己方形象，让己方显得口不择言、自相矛盾。

4.2.5 如何进行报盘，把握让步节奏

所谓报盘，即报价，进入报盘阶段，意味着整场谈判进入最关键的争锋时期，该阶段的结果也直接决定了谈判的最终结果。此时，我们应当合理进行报盘并把握让步节奏，在让对方满意的同时达成己方的期望目标。

假设己方可让步利益总计为 100 分，在谈判中，通常可以采取 8 种让步法，如表 4.2-1 所示。

表 4.2-1 8 种让步法

单位：分

让步模式	第 1 次	第 2 次	第 3 次	第 4 次	总计
A 模式	0	0	0	100	100
B 模式	100	0	0	0	100
C 模式	25	25	25	25	100
D 模式	48	16	10	26	100
E 模式	35	30	15	20	100
F 模式	65	20	10	5	100
G 模式	60	29.6	8.76	1.64	100
H 模式	68	32	1	−1	100

1. A 模式让步法：在最后阶段一次让出全部可让利益

A 模式让步法的特点在于前期对底线的绝对坚守，故该模式也称为"坚定的让步"。

这种让步法的优点在于在传递给对方坚定的信念之后，一次让出全部可让利益，让对方更加珍惜这次让步，并意识到再无讨价还价的可能性，从而推动双方快速达成一致。

这种让步法的缺点在于风险较大，在前期容易让对方认为己方缺乏诚意，从而使谈判陷入僵局、难以推进。

2. B 模式让步法：一开始就让出全部可让利益

B 模式让步法的特点是一开始就直接让出全部可让利益。

这种让步法的优点在于一开始就向对方亮出底线，显得态度诚恳、真实、坚定、坦率，比较容易打动对方。同时，这种率先让步的行为会让双方在谈判中迅速建立信任，促使对方也做出让步，有利于速战速决，降低谈判成本。

这种让步法的缺点在于如果己方诚意表达得不够，对方可能会认为还有利可图，从而继续进行谈判以期获得更多让步，这将增加己方的谈判压力。

3. C模式让步法：逐步、等额让出可让利益

C模式让步法的特点是态度谨慎，步子稳健，不断地讨价还价，每一次让步都像挤牙膏，让步的幅度均衡、稳定。这是商务谈判中较为常见的一种让步法。

这种让步法的优点在于平稳、步步为营，不急于立刻解决战斗，所以不会轻易被对方占便宜。只有当对方做出相应让步时，己方才有可能做出进一步让步，这样双方就可能在中途达成协议，以减少更多的利益让步。

这种让步法的缺点在于每次让步的幅度相等、速度平稳，这就需要双方持续地讨价还价，使谈判周期延长，容易使人感到疲劳、厌倦。

4. D模式让步法：让步幅度先大后小、再变大

D模式让步法是一种较为灵活、富于变化的让步法。这种让步法的特点在于能够正确处理竞争与合作的尺度，在较为恰当的起点让步，然后缓速减量，向对方传递已接近己方底线的信息，从而快速结束谈判。

这种让步法的优点在于让步的起点恰当，可以让对方感受到己方的谈判意愿；同时，让步的节奏较为灵活，不断减小让步的幅度会让对方感到即将触达己方底线；适时再给予对方一次更大的让步，促使对方拍板，从而保住己方的利益。

这种让步法的缺点在于由于让步的幅度是由大到小再变大，并且并不稳定，所以容易让对方得寸进尺。

5. E模式让步法：让步幅度从大到小、再微微变大

E模式让步法的特点在于合作为主、竞争为辅。这种让步法在谈判初期做

出较大的让步，然后告知对方后续让步空间已经很小，最终以一个适中的让步结束谈判。

这种让步法的优点在于由于谈判的让步起点较高，会让对方感受到己方的让步诚意；而经过几次让步后，仅让微利，给对方传递了已基本无利可让的信息；此时再做出微大的让步，则双方更容易达成共识。

这种让步法的缺点在于在初期给予较大让步时，如对手态度较为强硬，则可能以为我方软弱可欺而更具进攻性。

6. F 模式让步法：让步幅度由大到小、逐次减小

F 模式让步法的特点在于先让出较大的利益，然后逐次减让，到最后让出较小的利益。这种让步法往往给人以和谐、均匀、顺理成章的感觉，它也是谈判中较常见的一种让步法。

这种让步法的优点在于给人以顺其自然的感受，让对方更容易接受；同时，每一次的让步都很谨慎，最终在等价交换中促使双方达成协议。

这种让步法的缺点在于后期让步幅度较小却需要投入大量精力，谈判容易因此失去新鲜感，对方也会怀疑我方诚意。

7. G 模式让步法：开始时大幅度让步，后来逐渐放缓

G 模式让步法的特点在于初期让出绝大部分可让利益，获取对方的信任，最终在收尾阶段，如果对方依然坚持，那么可以再次小幅让步，促成谈判。

这种让步法的优点在于以求和的精神为先，开始就让出多半利益，换取对方的信任和同等回报；最后再次让出小利，表明我方诚意，让对方难以拒绝。

这种让步法的缺点在于一开始大幅让利，有可能让对方在后续谈判中变本加厉。

8. H 模式让步法：起始两次让出全部可让利益，第 3 次赔利相让，第 4 次再讨回赔利部分

H 模式让步法是一种较为特殊的让步法。这种让步法的特点在于富有戏剧性，让步果断，风格多变。首先第 1 次果断地让出绝大部分可让利益，第 2 次

再让出一小部分利益，将己方可让利益全部让完。第3次并不消极地拒绝，而是诱惑地让出本不该让的一小部分利益，然后在第4次再从其他角度讨价还价，收回不该让的一小部分利益，以保护己方利益。这是一种并不常见的让步法，谈判者需要具有非常丰富的谈判经验才能灵活运用。

这种让步法的优点在于，一开始己方就进行了最大限度的让步，避免了谈判陷入僵局；同时，如果对方依然不同意，己方可以冒险让出更多利益；当对方表示同意之后，再借助其他手段，让对方让步，以弥补过度让步带来的损失。

这种让步法的缺点在于，起始两次就让出己方全部可让利益会导致对方期望过高，同时带有很强的冒险性，如果处理不当，很容易导致谈判破裂。

以上8种让步法各有利弊，并不存在"绝对适用"的情况。在实际让步过程中，谈判团队必须根据既定计划和实际情况，如谈判内容、形式和对方风格等，灵活调整谈判节奏，以掌握谈判的主动权。

4.2.6　如何在谈判过程中"察言观色"

"察言观色"是谈判过程中十分重要的技巧，谈判团队需要时刻注意对方的言行举止，从而找到突破点或适时停止让步。对方每一个细微的表情与动作，都暗藏着底线、目标和战术等信息。"察言观色"的内容具体如下。

1. 上肢动作

时刻注意对方的上肢动作，尤其是双手，上肢动作会透露出其心理状态。通常来说，如果对方搓动手心或者手背，这可能表明其内心焦虑，在下意识地排解压力。这恰恰说明我们的报价已经触及对方底线，后续谈判空间有限。

如果对方做出握拳的动作，双臂肌肉看起来有些紧张，则意味着对方进入战斗状态。这种动作通常表明己方已经引起对方警惕，但还未触及对方底线，这就需要己方采用更加积极的谈判策略，以缓解对方情绪、获取更多让步。

如果对方双臂交叉置于胸前，保持一种封闭的姿态，这说明当前谈判内容距离他的底线还很远，他并没有被己方的立场影响。同时，这也可能代表谈判存在一定分歧。谈判团队应当重视，并适当改变谈判策略，进一步分析对方的底线。

2. 面部表情

眼睛能够反映人们深层的情绪，被誉为"心灵的窗户"。通过对方的眼神，我们可以挖掘出对方隐藏的想法，从而直击核心。

通常来说，如果对方在我方报盘后眼神飘忽、不愿对视，则是一种掩饰情绪的表现，这种反常行为往往意味着我方价格已经触及其底线。反之，如果在我方报盘时对方瞪大眼睛注视着我方，则意味着对方的兴趣较浓，价格在其承受范围内，且距离其底线尚远。

事实上，眼神能传递的信息非常复杂，很多都只可意会不可言传，谈判者应当在日常生活中学会观察并学习不同眼神的含义，掌握通过眼神获取信息的能力。

眉毛同样能够传达信息。

当一个人处于惊喜状态时，眉毛往往会上耸。这在谈判中意味着对方对我方报价十分满意；反之，如果对方紧皱眉头，长时间陷入沉默，则意味着我方报价接近对方底线。

当然，无论是手部动作还是面部表情，或其他言行举止，都只能透露出部分信息。

事实上，不同民族、地区、文化、修养的人，通过动作、表情传达的信息也不尽相同。谈判团队需在具体环境下，结合语言、语调等多种要素进行综合分析，从而得到较为全面、可信的结论，避免误判。

4.2.7 如何正确处理时间压力，掌握主动权

漫长的谈判时间会给谈判双方造成压力，谈判团队应当学会正确处理时间压力，掌握主动权。相信很多谈判者都曾有过如下的经历。

谈判桌上，双方已经沟通数天，对方却迟迟不肯做出任何答复，直到谈判结束前的最后半小时，对方才表示出合作的意向。而当我方以为可以签约时，对方又忽然提出我方必须答应一些新的要求，否则就不同意签约。迫不得已之下，我方只能屈服于时间压力，同意对方的诉求，做出超出预算的让步。

时间因素在谈判桌上是一件非常重要的"武器"，可以创造谈判压力、紧迫感和危机感，这也是很多经典谈判案例的核心技巧。

时间压力是相互的。对方可以借助时间对我方进行施压，我方也可以借助时间压力，掌握谈判的主动权。根据具体场景的不同，谈判团队应当选择合适的处理方式。

1. 对方犹豫不决时怎么办

当我方诉求低于对方底线，但对方却表现得犹豫不决时，则表示对方缺乏有效的反击手段。此时，我方就应当发起"总攻"，通过设置期限等方法促使对方立刻做出决定。

"如果在××点之前，您还未做出任何答复，恐怕这次谈判就没有继续下去的必要了。"

这是运用时间压力的有效手段——"期限战术"。这种手段会给对方带来巨大的心理压力，并以时间推动对方同意协议。

为了让对方意识到时间紧迫，我们也可以引入其他外力，如其他供应商或己方内部领导。

"刚才承诺的让步是公司总经理亲自点头同意的，但他还有半小时就要上飞机了，到那时如果还没签约，我们也没法做主，这个让步可能就没法作数了。"

2. 对方讨价还价时怎么办

当我方处于优势地位，而时间又较为充裕时，对方可能会采取各种讨价还价的手段，促使我方做出让步。此时，我方可以巧妙地采取拖延战术，使对方着急、紧张。当对方投入大量精力却效果有限后，对方会面临更大的时间压力，我方则会维持住优势地位。

尤其当对方迫切想要成交或争取某些核心利益时，对方可能在其他议题上做出较大让步。对此，我方可以权衡利弊，如利大于弊，则可以果断点头，使己方获取更多收益。

此外，如果对方率先以时间压力逼迫我方达成协议，谈判团队应避免陷入对方的谈判节奏，重新掌握主动权。此时，最直接的方式是强硬表达对底线的坚持，如"我方也很想达成协议，但我方已经做出最大的让步。"

谈判团队无须顾忌这种做法会激怒对方。事实上，当对方开始借用时间压力逼迫我方达成协议时，往往意味着对方已经有达成协议的意向，只是想要借助时间压力使我方做出更多让步。此时，坚守底线则可以打破对方的幻想，将时间压力转移至对方，从而掌握主动权。

4.3　谈判收尾时，表达谢意，留下期待

谈判进入收尾期，一切都已经成为定局，此时，谈判者也应快速收心，从谈判的"争锋"情绪中走出来，向对方表达谢意，为该次谈判画上一个完美的句号，同时也为未来的合作打下良好基础。下面介绍 4 个收心技巧。

1. 表达谢意

无论我们最终是否与对方达成协议，都要向对方表达谢意。

"辛苦各位，再次感谢贵公司的配合，各位老师一定也很疲惫，我们一定会再次登门道谢。"

这样的感谢，无论是否达成协议，都会让对方感到舒服，同时也会给双方未来再次进行谈判或者进行新一轮合作奠定良好的基础。

2. 肯定成绩

谈判者在向对方表达谢意的同时，也要对本次谈判的工作和成绩表示肯定，尤其是对对方谈判成员的突出表现表示肯定。这样做一是为了展现我方对对方的尊重；二是为了加深对方对我方的印象，赢得对方的好感。

3. 留下期待

在表达谢意、肯定成绩的基础上，还应当留下对后续合作的期待。这种表态不应停留在表面，而应通过提及可能合作的项目并稍加展开，让对方感受到诚意，从而确保谈判协议的落实。这也将成为对方在本次谈判中的"额外成绩"，对方在汇报谈判工作时也更容易得到领导的肯定。

4. 获得合作标准

如果双方在谈判中已经形成较为完善的计划，那么不妨将这一计划进一步完善，尤其是计划执行的重要环节，由此建立更加完善的合作标准，避免后续合作出现分歧。基于这一合作标准，双方的下一次谈判也将更有效率。

从以上4点可以看出，想要"收心"，关键在于通过感谢让对方感受到我方的诚意与尊重，并为后续合作打下基础。

掌握收心技巧是许多谈判者成长为谈判高手的关键。谈判者应当明白，达成协议并非谈判工作的结束，而是双方互利共赢的开始，否则，谈判就可能成为"一锤子买卖"，不利于双方利益的扩大。

4.4 履行协议，只有协议被执行，谈判才有价值

谈判的结束是双方合作的开始。只有协议被执行，谈判才有价值。所以，在协议履行阶段，双方需要保持有效沟通，通过及时提供绩效反馈，推进合作的深入，并为未来的合作奠定基础。

4.4.1 如何及时提供绩效反馈

协议履行的关键是及时提供绩效反馈。否则，我方不知道对方对协议的履行情况，对方也不知道该如何改进。当然，这里的绩效反馈也包括我们针对内部的评价与反馈。

1. 绩效反馈

这里的绩效反馈具体包含 4 个层面的内容。

（1）己方：通过实时收集协议履行数据，对供应商的绩效进行客观评价并将评价结果及时反馈至供应商，为改善合作乃至修订协议提供决策基础。

（2）供应商：基于绩效反馈，明确自己在合作中存在的问题，并及时进行针对性调整，推动合作有序开展。

（3）谈判团队的内部绩效：根据谈判成果和协议履行情况，对谈判团队的绩效进行评判并反馈至管理部门，以此激励谈判团队成长，并使其及时发现自身不足，进行改善，为下次谈判做好准备。

（4）企业的战略调整：对比谈判目标、谈判成果、实际效果，企业管理部门应深入挖掘其中存在的问题，及时反馈，以使相关管理者对企业采购战略、谈判策略进行相应调整。

在这样的绩效反馈机制下，供应商会积极改善问题，提升合作效果，从而

促成双方共同成长。

戴尔公司非常注重给予供应商绩效反馈。通过绩效反馈，供应商也在不断调整经营策略，以期与戴尔公司达成更好的合作。具体表现如下。

① 为了满足戴尔公司的需求，供应商在戴尔公司附近建立仓库，这样做一方面给戴尔公司提供了便利，另一方面使供应商保持了低库存，减少了库存的积压。

② 随着信息化管理系统的引入，双方沟通效率不断提高，采购管理流程得以简化，采购管理成本得以降低。

③ 绩效反馈保证了供应链信息的流动和透明，使市场预测尽可能准确，提高了供应链整体的协同价值。

④ 供应商的产品配送效率大大提升，满足了戴尔公司直销模式的创新需求。

由此可见，为供应商提供绩效反馈，能有效加强双方的合作，实现共赢。

2. 如何提高绩效反馈的效率

为了提高绩效反馈的效率，我们可以从以下3个角度入手。

（1）建立高效的沟通机制，双方可以共享生产信息，协助供应商快速调整生产计划。

（2）为供应商提供便利，帮助供应商汇总其最需要的数据，并制定激励措施，促进双方进行更好的合作。

（3）构建利益共享、风险共担的价值体系，增强双方的工作协同能力。

4.4.2　如何推进谈判合作的深入

当供应商能够有效履行协议，并与我方建立良好合作关系时，我方便可以策划进一步的谈判，让彼此的合作进一步深化。此时，供应链管理就成了非常重要的工作。尤其当我方与供应商成为长期合作伙伴时，建立深入的合作体系会大大推动企业未来的发展。

要做到这一点，就需要从以下几个方面入手。

1. 不断更新合作目标和需求

不断更新合作目标与需求并及时将相关内容传送至供应商，为供应商的管理指明方向。这样一来，即便供应商接下来无法与我们合作，我们也能提前获得回复并快速寻找新的供应商。

2. 与供应商互动，使其参与产品的研发和生产过程

让供应商参与我方的产品研发与生产过程，使生产成为我们与供应商之间的纽带。这也是企业技术创新成功的要素。苹果公司与它的供应商就建立了这样的合作体系，从而使苹果公司旗下的产品得以顺利生产，科研体系也更加完善。

3. 构建和实施信息共享机制

交流是合作的基础。大数据时代，信息共享已经不再复杂，双方可以搭建信息共享平台，实现协同运作。这样一来，很多生产中的实际问题，我们不需要经过漫长的等待就能解决，并且供应商会第一时间发现问题并着手解决，这就大大提升了生产效率。

4. 进行文化交流，实现文化的有效对接

除了实际生产方面的交流，双方还可以进行文化交流，实现文化对接。通过这种模式，双方能熟知彼此的企业文化，双方员工可以互相了解，这样在未来的谈判中，双方也能更好地建立起沟通的桥梁。所以，双方应当在求同存异的基础上，建立共同的经营观念和共享文化，促使员工把自己的行为与供应链整体目标的实现结合起来，促进双方关系的改善。

5.根据供应链管理的要求,优化组织结构

之所以需要对供应链环境下的传统供应商管理模式进行创新,是因为传统供应商管理模式并不适用于供应链管理。要想打破传统的基于职能分工的专业化组织模式,采购管理和供应商管理需要企业各个职能部门参与,并共同完善供应商管理体系。所以,双方应当定期进行交流,并委派代表定期走访对方企业,让双方的合作更加深入。

谈判测试:谈判气氛是否对我方有利?

通过下面的测试,判断谈判气氛是否对我方有利。

1.双方团队见面时,我方(　　　)。

A.进行了非常友好的寒暄,每一名团队成员都与对方进行了交流,双方交流得很愉快

B.进行了友好的会面,但没有做过多的交流,彼此分别开始准备谈判事宜

C.进行了较为友好的会面,但己方有两名成员因为有其他事没有与对方进行会面

D.没有进行特别的交流,只是握手致意

E.没有进行特别的交流,简单地打了个招呼后就进入谈判

2.对于谈判场地,我方的感受是(　　　)。

A.非常完善,配备了谈判时必需的各种道具,并且有专人在门口负责,能够第一时间响应我方的要求

B.较为完善,能够满足谈判的需求,但是设计得并不合理,如很容易让人走错房间

C. 及格，谈判场地没有明显的优点但也没有缺点，相关设备需要自己提前准备

D. 勉强及格，但问题很多，如空调制冷效果不佳、隔音效果不好等

E. 完全不喜欢，新装修的酒店到处都有怪味，很多东西都没有配备

3. 我方在表达意见时，突出的特点是（　　）。

A. 我方谈判者清楚地说明了这次谈判的需求，同时其他成员高效配合，半个小时内就完成任务

B. 我方谈判者的业务能力很强，在一小时内说完了诉求，只是衔接部分稍微不畅

C. 在阐述的过程中，对方提出了几个小问题，虽然打断了我方节奏，但我方依然顺利完成了表达

D. 尽管没有出现大的波折，但是由于表达不严谨，多次被对方打断，在一个问题上纠缠了很久才得以继续

E. 我方谈判者说了很多无关紧要的话，临时换人才解决问题

4. 对方在表达意见时，我方的反应是（　　）。

A. 每个人都在低头记录，没有打断对方的说话。等到结束后，我方提出的问题，对方均快速予以解答

B. 多数成员在低头记录，并总结出要点。结束后，我方提出了几个问题，但似乎引起了对方一定的不满

C. 只有极个别人在低头记录，多数人端坐着没有任何反应

D. 端坐着没有任何反应，其间我方某成员手机铃声响起，打断了对方说话

E. 频繁提问，对方在不断向我们做各种各样的解释，最后的结论不够精练

5. 与对方进行交流时，我方的状态是（　　）。

A. 每一个人都做出了非常精准的论述，同时对方也做出了精准的回答，双方之间没有出现过多摩擦

B. 每个人都做出了较为精彩的论述，只有一个人在阐述时重点不清晰，针对这个问题再次进行了讨论

C. 还算顺利，并没有按照预期的顺序轮流发言，出现了自相矛盾的地方

D. 亢奋，忍不住不断地阐述，并不在乎对方的提问，只顾自己讲述

E. 非常反感对方的发问，多次要求对方在我方表述结束后统一提问

评分值标准与得分解析

选择 A 选项得 20 分

选择 B 选项得 16 分

选择 C 选项得 14 分

选择 D 选项得 12 分

选择 E 选项得 10 分

总得分在 90 分及以上：气氛对我方非常有利。

总得分在 80~89 分：气氛较好，只要没有意外事件，谈判就可以顺利推进。

总得分在 70~79 分：气氛一般，可以推进谈判，但双方的关系并不亲密。

总得分在 60~69 分：气氛非常不好，稍不留意双方就会产生摩擦。

总得分在 60 分以下：气氛非常差，非常容易出现僵局。

第 5 章

僵局打破：另寻他途，迂回解决难题

谈判不可能一帆风顺，僵局的出现更如家常便饭。当双方就某议题存在较大分歧又都不肯做出让步时，必然会出现僵持甚至对峙的局面。面对僵局，我们应当沉着冷静，不断寻找突破口，迂回地解决难题，而不是破罐子破摔，让谈判从僵局彻底沦为死局。

5.1 僵局打破，让谈判顺利进行的 5 种策略

虽然僵局是谈判中非常常见的现象，但其极大地阻碍了谈判的推进。那么，该如何打破僵局，让谈判顺利进行呢？

5.1.1 心理满足，消除分歧

谈判过程中之所以出现分歧，是因为双方的心理诉求没有得到统一。所以，解决分歧的关键就是满足心理诉求。

1. 适当让步，以柔克刚

当对方有意拒绝达成共识，导致谈判陷入僵局时，我们不妨以柔克刚，以"弱者"的身份一再声明我方立场、观点，也可以适当做出一些让步，让对方感受到我们的诚意和尊重，从而使谈判回到正轨，使问题得到有效解决。

2. 聚焦共同利益

谈判双方的利益诉求依然对立：对方希望将产品卖出更高的价格，以获得最大利益；而我方则希望以最低的价格完成采购，从而降低成本。所以，想要化解分歧，就应当聚焦于双方的共同利益。

某供应商企业规模有限，不愿在价格上做出过多让步。此时，我方则可以聚焦双方的共同利益，以宣传合作、长期合作、扩大合作等方式，吸引对方给予一定的价格折扣。这样无须投入更多成本，但效果却十分显著。

只要找到共同利益，分歧在大多数情况下就能得到化解，对方的心理诉求也能得到满足，这样一来，僵局将被打破，谈判也能继续推进。

5.1.2 沟通确认，让彼此真正理解对方

想要打破僵局，我们就需要明确僵局形成的本质原因。一般来说，谈判过程中产生的僵局分为 3 类：想象力僵局、人为的僵局和真正的僵局。

（1）想象力僵局是指一方未能理解另一方的诉求，或不信任另一方的陈述，使得谈判无法推进的局面。这种僵局通常是前期沟通不充分造成的。

（2）人为的僵局是指一方出于种种目的，有意设置关卡形成的局面。对此，谈判者要熟练运用各种谈判技巧，缓和谈判氛围，打破这一僵局。

（3）真正的僵局是由双方利益存在较大差异造成的局面。通常需要进行多轮磋商，妥协让步，双方才能达成共识，从而打破僵局。

针对不同的僵局，需要采用不同的策略。只有通过沟通确认，双方才能真正理解彼此，明确僵局的形成原因，并做出有效应对。

1. 欢迎对方表达意见

谈判就是双方在不断磋商中解决问题、达成一致的过程，否则就不能被称为"谈判"。所以，谈判者应当欢迎对方表达意见，在对方表达意见时认真聆听，并分析对方需求。这不仅是一名谈判者应有的胸怀，也是解决问题的必要心态。

2. 始终将彼此的真实需求放在首要位置

想要真正理解对方，谈判者就必须抓住沟通的 3 个关键词：始终、彼此、首要。

（1）始终。从谈判的准备阶段到谈判的实施阶段，再到最终的协议履行阶段，我们都要把彼此的真实需求放在最重要的位置，这是双方达成一致乃至未来继续合作的前提。陷入僵局时也应当遵循这一原则，不断地去沟通，以了解对方的真实需求。

（2）彼此。谈判之所以陷入僵局，往往是因为我们忽视了互利共赢原则，仅考虑己方需求，却没有关注对方的需求。

在谈判过程中，我们必须不断与对方交换意见，妥善表达己方需求，并尊重对方需求。否则，我们永远无法和对方达成一致。

（3）首要。谈判往往涉及诸多议题，交涉这些议题，可能造成谈判者注意力的分散。某些谈判者往往会陷入无意义的纠结之中，如纠结于对方的谈判风格，谈判的时间和地点、规则与制度，谈判中各种技巧的运用，等等。

然而，这些并非首要问题，纠结于此除了浪费时间之外，还可能造成谈判陷入僵局。实现双方需求的有效对接，才是谈判的核心和终极目标。要想打破僵局，就应当始终秉持这一原则，一旦发现谈判偏离了真实需求的轨道，双方就应当立即将它拉回到正轨之上。

5.1.3 沟通展示，分析双方对谈判情况的估计和假设

形成僵局的另一原因是谈判的实际情况与估计和假设的情况相差甚远，谈判者因此未能快速做出有效应对，从而导致双方误会不断加深。此时，我们不妨诚恳地与对方进行沟通与交流，分析双方对谈判情况的估计和假设。

1. 协调双方利益

双方一旦陷入僵局，就要立刻对彼此的利益进行分析，从目前利益和长远利益两个角度入手，分析之前的判断是否准确。为了让双方重新回到谈判桌前，我们应当寻找双方都能接受的利益平衡点，并向对方说明调整的方向。

同时，我们还要向对方强调："如果仅追求眼前利益，可能就会失去长远利益，这对双方来说都是不利的。"只有双方都做出让步，协调彼此间的关系，才能保证双方的利益需求都得到满足。

2. 制定新的方案进行沟通

与此同时，我们还要制定新的方案，新的方案既要维护自身利益，又要兼顾对方需求。

这就给我们提出了要求：在谈判准备阶段就应当制定多个方案，一旦遇到问题就立刻调整方案，及时"调拨船头"。谈判者不要试图在谈判一开始就确定唯一的最佳方案，这往往会阻碍许多备选方案的产生。谈判没有最佳方案，只有最合适的方案。即便某个方案曾帮助我们获得过成功，也不代表其在这一次谈判中依然奏效。

制定新的谈判方案不一定需要彻底推翻旧方案，可以针对旧方案中的某一部分进行替换。这样既能保证不同方案的统一，又可以体现不同方案的独特性。常见的替换方法有以下 4 种。

① 另选谈判时间。彼此约定好重新谈判的时间，以便双方有时间收集更多的资料、制定相应策略，进而解决此次谈判中出现的难题。

② 改变付款方式和时限。在成交总金额不变的情况下，谈判团队可采用增加定金、缩短付款时限等方式，在不影响我方整体利益的前提下，对付款方式进行微调。

③ 改变承担风险的方式、时限和程度。在交易风险不明确的情况下，双方无须过多讨论风险承担的问题，否则只会争论不休。此时，我们可以从未来损失或者利益的角度出发，找到双方利益的平衡点。

④ 改变售后服务的方式。如果售后服务内容无法增加，我们可以考虑通过优化售后流程、简化售后手续，来提升售后服务水平。

上述方法都能够让双方进行有效沟通，同时分析彼此对谈判情况的估计和假设，有效解决问题。

5.1.4 换人沟通，让更合适的人推动谈判

某些时候，谈判陷入僵局，并非因为双方利益冲突，而是因为双方谈判者无法进行有效沟通，甚至被情绪掌控，难以理性沟通。特别是主谈判者，如果

在讨论议题时对对方进行人身攻击，就会伤害对方的自尊心，进而引起对方的愤怒，双方由此陷入口舌之争，谈判当然无法继续。这个时候，与其强行推进谈判，不如换人，让更合适的人推进谈判。

尽管谈判中途换人是谈判的忌讳，但是，如果形势已经无法挽回，彼此之间已经难以建立信任，及时换人是最佳选择。

1. 更换谈判者

通常来说，主动换人的一方往往处于"理亏"或"势弱"的状态，此时，既然已经选择换人，我方不妨将僵局的出现归咎于我方原来的谈判者。这种方法可以有效化解对方的不满，为双方重新回到谈判桌前找到一个理由，缓和谈判气氛。

与此同时，新的谈判者前来握手言和，是我方已进行了谈判调整的一种标志。这是在向对方发出信号：我方已做好了妥协、退让的准备，贵方是否也能表现出宽容与忍让呢？

当然，某些时候更换谈判者并非因为谈判者的失职，而是在做自我否定。之前我方提出的某些条件有些问题，导致双方陷入僵局。现在我方更换谈判者，带有一种"致歉"的意思，这会让对方感受到我方的谈判诚意，从而愿意回到谈判桌前继续谈判。

2. 利用第三方调停，打破僵局

还可以利用第三方调停，打破僵局。尤其当双方陷入严重对立状态时，由于双方都处于情绪较为激动的状态，沟通存在严重障碍，互不信任，互相存有偏见甚至敌意，这时候由第三方出面调停可以有效平息"战火"，使双方重新回到谈判桌前。

通常来说，第三方往往是双方共同认定的人，其一般具有一定的社会地位、行业地位。在谈判过程中，第三方应充分听取双方想法、意见，快速找出双方冲突的焦点，分析其背后隐含的利益分歧，据此寻求解决途径。由于第三方的社会地位和行业地位通常较高，他的建议一般具有专业性和公信力，所以由第三方调停通常能快速打破僵局。

5.1.5　沟通了解，清楚对方对必须"取胜"的重视程度

谈判陷入僵局的原因多种多样，这其中既有利益不能满足造成的僵局、也有信任不足造成的僵局，还有对方故意使用策略造成的僵局。除此之外，对方对必须"取胜"的重视程度不高也可能造成僵局。因此，我们需要与对方进行沟通，了解对方对必须"取胜"的重视程度，从而选择合适的谈判策略。

1. 诚恳对待，耐心说服

尽管谈判双方都有利益需求，但在不同的市场环境下，谈判双方也有强弱之别。如果对方处于强势地位，在市场选择较多的情况，他们可能并不重视此次谈判，对必须"取胜"的重视程度不高，进而导致谈判陷入僵局。

这种谈判僵局主要出现在新公司与其对手的谈判之中。新公司成立时间较短、口碑有限，容易让对方产生不信任感。对此，新公司的谈判者应当诚恳对待、耐心说服，并辅以各种证明资料，如市场行情、产品质量、售后保证等，真正做到有理有据、与对方坦诚相处。

新公司的谈判者要向对方强调，即便这次谈判双方无法达成共识，但彼此仍可以借机互相了解，期待下次合作，以此激发对方的"取胜心"。当对方感受到其诚意，自然会切实考虑当前状况，有可能适当调整其策略，打破僵局。

2. "硬碰硬"式沟通法：展现决胜心

"硬碰硬"式沟通法是通过展现己方决胜心来了解对方"取胜心"的方法。当谈判陷入僵局时，如果已经摸清对方底线，且当前状况处于对方的接受范围内，则己方可以明确表达意见，希望对方能够让步以达成协议，否则己方就自愿接受谈判破裂的结局。这种非常强势的谈判风格会让对方看到己方的决胜心，若对方希望达成协议，则他们需要做出积极的反馈，才能推动谈判继续进行。

"硬碰硬"式沟通法的使用有一个前提：双方利益需求的差距不超过合理限度。只有在这种情况下，对方才有可能妥协，割舍部分期望利益，推动谈判继续进行。如果对方还有更高的利益需求，"硬碰硬"则可能激发对方的对立情绪，使谈判无疾而终。

综上，在实际应用"硬碰硬"式沟通法时一定要非常慎重，不到万不得已不要轻易用这种方法，因为它带有很强的挑衅性。切忌在毫无准备的情况下盲目使用这一方法，因为这样只会赶跑对方，使谈判一无所获。迫不得已做出这一选择时，我们应当做好最坏的打算。

还有一点非常重要：我们做出的承诺必须严格兑现。如果采用这种方法打破了僵局，那么我们做出的承诺应当立刻写入协议，让对方感受到我们的决心。

"硬碰硬"式沟通法若运用得当，会彻底扫清谈判中的隔阂。因为对于任何一方而言，坐在谈判桌前的目的都是达成协议。我们这种近乎威胁的沟通方式，会让对方感受到我们的底线与坚持，对方也会重新进行利益考量，进而同意我方意见，或在某些问题上稍做让步，从而与我方达成一致。

5.2　僵局处理，让谈判重回正轨

如果始终处于僵局当中，谈判压力会不断增加，谈判成功的可能性也会随之降低。因此，在处理僵局时，我们必须尽力让谈判重回正轨，确保后续谈判顺利开展。

5.2.1　变换要素，让谈判出现转机

1. 暂时休会

如果双方的情绪都较为激烈，那么这个时候应当及时提出"休会"，把人与问题分开，等到双方情绪平复后再继续谈判。尤其是在情绪化僵局中，这种方法非常有效。

情绪化僵局往往是双方在商务谈判中，由于激烈的讨论造成情绪失控所形成的，而情绪失控多是语气不当、态度不佳引发的。休会就是为了摆脱这种尴

尬的局面，避免僵局彻底沦为死局。

当然，暂时休会不是真的"休息"。休会过程中，谈判团队要进行以下工作，为谈判制造转机。

① 检查原定的策略及战术。

② 仔细思考引起争议的问题，构思解决问题的方法。

③ 召集谈判团队成员，集思广益，商量具体的解决办法，探索变通途径。

④ 研究讨论己方可能的让步。

⑤ 阻止对方提出对己方不利的问题。

⑥ 可进一步对市场形势进行研究，以证实自己原有观点的正确性，思考新的论点与自卫方法。

⑦ 决定如何应对对方提出的要求。

⑧ 分析价格、规格、时间等条件的变动。

⑨ 缓解体力不支或情绪紧张的情况。

⑩ 应对谈判中出现的新情况。

需要特别注意的是：休会一般先由一方提出，并经另一方同意后才能生效，而不是某方单方面就能决定的。只有经过双方同意，这种方法才能发挥作用。

2. 变换议题

当谈判陷入僵局，经过双方协商而毫无进展时，搁置议题、变换议题也是一种处理僵局的方法。待新的议题解决后，再回头处理僵局部分。通常来说，我们可以选择讨论与僵局有关联的议题，当在其他议题上达成共识时，再重新谈论搁置的议题，就会更加容易。

这种议题变换既可以帮助谈判者调整情绪，也可以为处理僵局寻找新的思路。所以，谈判者要学会变换议题，如双方在价格议题上互不相让时，可以暂时搁置该议题，改谈交货期、付款方式等其他议题。等到在这些议题上达成一致后，再解决此前的价格议题，由于已经恢复良好的谈判氛围，双方也已在某些议题上达成了共识，谈判的阻力就会相应减小，谈判空间也会相应扩大，便于双方弥合分歧，为谈判赢得转机。

多数谈判桌上出现的僵局都是通过这种方法打破的，它是在打破僵局方面行之有效的迂回战术。所以，谈判者要灵活掌握这一方法，不让僵局成为死局。

3. 换个环境，调整情绪

有些时候，换个环境也会让僵局得以破解。通常来说，谈判会场是正式的工作场所，容易形成一种严肃而紧张的气氛，双方一旦陷入争执，便会使谈判会场的氛围越发压抑，从而越发话不投机、冷眼相对。

陷入僵局时，我们可以暂停谈判，邀请对方谈判者外出游览、观光，甚至出席宴会、观看文艺节目，也可以到游戏室、俱乐部等地方，让对方紧张的情绪得以舒缓。在这个过程中，每个人不仅能感受到轻松愉快，还可以通过游玩、休息，深入了解对方，以消除彼此间的隔阂。

在这样轻松的环境下，双方不再紧绷神经，甚至会提出创造性的意见，取得建设性的成果，使在谈判桌上无法解决的问题在另一个环境中迎刃而解。

5.2.2　分析强调，"有拉有打"促使谈判继续进行

分析强调，强化对方的认知，同样也能促使谈判继续进行。学会采用"有拉有打"的策略，我们就能够有效化解对方心中的不满。

1. 突显双方已取得的成果

当谈判陷入僵局时，我们不妨换个思路，让对方看看彼此已取得的成果：

"许多问题都已解决了，现在就剩这一点了，可见咱们的谈判其实非常顺利，在很多大问题上都已经取得一致。如果这个时候不把剩下的问题解决，那么我们之前付出的努力，岂不是打了水漂？"

这种表述很容易打动对方，因为它强调了"我们付出的努力、取得的成就"，这会让对方认识到谈判的沉没成本，进而使对方更加希望达成共识，以更加积极的状态投入后续谈判中。

有一年，笔者参与了一场包含 6 项议题的谈判，其中有 4 项是重要议题，其余 2 项是次要议题。其中 3 项重要议题已经顺利解决，但在谈及下一项重要议题时，对方忽然表现出不耐烦，不愿意做出任何让步。

这时候，笔者劝说道："4 个难题已解决了 3 个，剩下一个如果也能一并解决，其他的小问题就好办了，让我们再继续努力，好好讨论讨论唯一的难题吧！如果就这样放弃了，前面的工作就都白做了，大家都会觉得遗憾的！"

笔者说完这句话，过了不到 10 分钟的时间，对方便经过简单调整回到谈判桌前。双方一鼓作气将剩下的议题全部解决了。

突显双方已取得的成果是为了强调双方为推进谈判已付出的努力，让对方感受到谈判成果来之不易。当对方回顾过往的合作后，就会平复内心的对立情绪，让谈判重新回到正轨。

2. 沉着应战，后发制人

在谈判陷入僵局之前，往往会有一定预兆，如对方发出最后通牒，我方却明确表示拒绝，那么谈判必然会陷入僵局。

面对这样的场景，我们应当进行"反压制"，不妨多听少说、多问少答，再后发制人，使出撒手锏。要有耐心等待，待时机一到，给予对方一击，常能出奇制胜。

曾经，中方某电缆厂向某国公司采购无氧铜主机组合炉时，经过多轮磋商，对方报价从 220 万美元、150 万美元下调至 130 万美元，中方代表却仍不同意，对方因此大叫道："你们毫无诚意，不谈了！"中方代表说："这么高的价格还谈什么诚意，我们早就不想再谈了。"对方代表见中方不为所动，又坐下来交涉，下了最后通牒："120 万美元，不能再降了！"结果谈判破裂。

对方拿出已订好的机票与中方进行告别性会面。这时中方代表才拿出两年前美方以 95 万美元的价格将无氧铜主机组合炉卖给西班牙某公司的资料给对方看。"这是两年前的事了，现在价格自然上涨了。"对方惊叫着。

"不！"中方代表反驳道，"物价上涨指数是每年 6％，按此计算，现在的价格应是 106.7 万美元。"对方代表当场瞠目结舌，想不到中方还有这一招。最后，双方以 107 万美元成交。

中方代表使用这种方法让对方措手不及，最终赢得谈判的胜利。这就是典型的后发制人，让谈判重新回到正轨。当然，使用这一技巧时，要有十足的把握，最好以已掌握的丰富、翔实的资料作为撒手锏。否则，只有"打"、没有"拉"，可能真的会将对方"打"走，让谈判破裂。

5.2.3 策略为先，让谈判重回正轨的 4 种策略

不同的场景需要采用不同的策略，处理不同的僵局时也同样如此。一般而言，让谈判重回正轨，主要有 4 种策略可用。

1. 议题切割

遇到僵局时将议题切割，这是典型的"目标分解法"。将一个复杂的目标拆分为多个小目标，尽可能多地实现小目标，这样就能减少分歧，创造出可以

交换的空间。

议题切割主要适用于那些非常复杂、困难的议题。这种议题往往不是一个简单的诉求，而是一个由多个诉求构成的错综复杂的综合性目标。通常来说，这种议题是谈判的核心内容，所以不能暂时放在一边，必须将其彻底解决才能进入下一个环节。

议题切割的角度有很多，可以从形式、内容、时间、费用、参加人员等方面进行切割。商务谈判中的每一个议题都可以切割为货款、付款方式、交货条件、数量、售后服务等几部分。

所以，议题切割并没有标准的规范，它需要我们进行思维发散，深入思考与该议题相关的内容有哪些，确定哪些利益是必须争取的，哪些方面是可以交换的，哪些方面是可以妥协的。议题被切割出的数量越多，讨论的角度就会越多，逐个击破后，达成协议的机会就越大，僵局便不攻自破。

议题切割还有一个非常明显的优点：当第一个小目标实现后，往往会导致后面的小目标出现变化，并且之后的小目标会呈现出变简单的趋势。由于这种递进的特点，我们达成最终目标所花费的精力比之前达成目标所花费的精力要少。

当我们与一家企业进行采购谈判时，最初的议题非常复杂，涉及价格、数量、售后服务、专利共享等多项内容，一开始谈判难以推进，双方陷入胶着状态。这个时候，我们开始对议题进行切割，并深入分析：哪些内容可以相互补充，哪些内容可以替代或嵌入。

最后，我们从一个小细节入手，逐渐撬动了原本坚固的墙。我们最后设计的谈判流程虽然十分复杂，但却更具灵活性。如规定价格和订购数量成反比，将售后服务的一部分嵌入价格，另外一部分变为技术合作……最重要的是，这场谈判最后取得了成功。

切割议题可以让谈判的难度降低，这样做虽然会导致谈判时间有一定延长，但最终可以使谈判顺利完成。

2. 借题发挥

当陷入僵局时，我们还要学会"抓对方的漏洞"并"借题发挥"，打对方一个措手不及，让谈判重新回到正轨。尤其是某些持不合作态度或试图恃强凌弱的谈判对手，在激动的情绪状态下，他们的表述更容易出现漏洞，这也给了我们"借题发挥"的机会。

想要抓住对方漏洞，就需要谈判团队精神高度集中，同时还要有人专门做记录，将对方的漏洞作为谈判筹码，留待合适的时机使用。一般而言，如果僵局不是特别严重，我们只需旁敲侧击地提出漏洞，无须过于针锋相对，以免对方恼羞成怒。

小丁在一次谈判中与对方陷入僵局，这时候他忽然想到：对方曾经说过，这次报价一定会比市场价低。虽然对方并没有做出具体承诺，但他立刻借助这一点向对方提出反驳，对方承认曾做出了这个承诺，只得按照承诺继续谈判。

3. 最后通牒

当对方已经获得足够的优惠，只是想要借助僵局获取更多利益时，如果己方已无路可退，不妨坚持底线，以硬碰硬，向对方下达最后通牒。

杭州某厂厂长鲁先生与美国俄亥俄州某公司国际部经理莱尔的谈判，就是利用这种"最后通牒"策略取得成功的典型案例。

鲁先生与美方进行谈判，美方忽然提出："在全球独销某厂产品，否则，停止供应技术、资金、设备、市场情报和代培工程师。不答应即收拾提包走人！"鲁先生的答复是："请随便！随时欢迎贵公司回来继续合作！"后来该厂的产品打入更多市场，美方见势不妙，便携带一只栩栩如生、振翅欲飞的铜鹰作为礼品表示歉意，并真诚地说："鹰是美利坚合众国的象征。我们敬佩鲁先生的勇敢、精明、强硬。愿我们的产业，像雄鹰一样腾飞全球！"

尤其当对方的目的是恶意搅局时，下最后通牒会让对方明白：一切情况我们都了如指掌，如果无法推进，就无须再聊！

对方的谈判目的同样是获取利益，谈判破裂对双方而言都无好处，因此，他们也会快速做出调整，打破僵局。

4. 非正式渠道沟通

我们可以通过场外沟通等非正式渠道，了解对方反应，以此化解僵局。通常来说，需要借助非正式渠道的场景主要有以下 3 类。

① 谈判陷入僵局，谈判双方或一方的幕后主持人希望借助非正式的场合进行私下商谈。

② 谈判对手喜欢郊游、娱乐活动。这样，在谈判桌上谈不成的议题，在郊游和娱乐的场合就有可能谈成。

③ 谈判双方的谈判者因为身份问题，不宜在谈判桌上让步以打破僵局，但是可以借助私下交谈打破僵局，这样不会牵扯到身份问题。例如，谈判的领导者不是专家，但实际做决定的却是专家。这样，在非正式场合，专家就能够不碍于身份问题而出面商谈，打破僵局。

借助非正式渠道打破僵局，我们需要注意以下 3 个问题。

① 谈判桌上尽可能减少关于核心问题的讨论，通过社交活动进行

深层次的沟通。

② 借助社交场合，主动和非谈判者的有关人员（如工程师、会计师、工作人员等）交谈，借此了解对方更多的情况，往往会得到意想不到的收获。

③ 在非正式场合可由非正式人员提出建议、发表意见，以促使对方思考。因为即使这些建议和意见明显不利于对方，对方也不会深究。

5.3 巧抓契机，掌握 5 个改变的契机

为了打破谈判僵局，我们在某些时候应当根据实际情况进行相应的改变，但这并不意味着一味地妥协。谈判团队应掌握 5 个改变的契机，巧妙地扭转局势，让己方掌握主动权。

5.3.1 "议题"的改变

当议题无法推进，但存在其他可供迂回讨论的议题时，即使它不在既定计划内，我们也可以巧妙地改变议题，以此实现谈判目标。

需要注意的是，在改变议题的过程中，我方要注意隐藏真实意图，否则对方可能不同意改变议题或以此增加条件。

很多年前，笔者就曾使用这种方法，完成了一次非常复杂的谈判。那次谈判涉及非常多金融与不动产方面的内容，为了掌控谈判主动权，每当遇到僵局时，笔者就会立刻改变议题，从价格评估问题到具体细节的文字解释问题，再到信用问题。最终，对方被笔者的"改变议题"战术迷惑，逐渐暴露自身底线。笔者乘胜追击，最终成功完成谈判。

在上例中，每一次改变议题之前，笔者总会事先给出改变理由，在争取到对方的同意后才会展开。如果我们想要改变议题，就应当向对方说明改变议题的理由，以取得其谅解，这样才能有效展开讨论。而在经过一系列的议题改变后，再次回到最初议题时，我们已经取得一定优势并掌握了谈判主动权。

5.3.2 "人"的改变

"人"的改变，即谈判对手做出成员调整时，为我们提供了契机。面对这样的情形，首先我们要做的是调整情绪，让对方尽可能发表意见，在倾听中摸清新的谈判者的态度。

如果他比"前任"更容易打交道，我方可继续展开谈判；如果他表现出强烈的不信任或对立情绪，我方可以提出暂停谈判，直到谈判能够重回正轨。

当然，对方有换人的权力，我们也可以借此机会，提出己方换人或让对方做出让步。对方之所以换人，是因为其要改变目前的谈判状况，此时，可以提出一个新的让步方案，试探对方的态度。借助这个契机，我们能够及时更改谈判策略，扭转谈判的局势。

5.3.3 "态度"的改变

态度的改变同样也是改变谈判走向的契机。尤其是在抓住对方的漏洞后，我们可以在合适的时机改变态度，掌握先机。

1. 对方改变议题

如果对方提出的问题并不是议题中的内容，此时我们可以直截了当地表示"不了解"。尤其是当对方提出棘手的问题时，更应当以"说不清""不了解""需要再研究"为托词，以争取较多的时间来了解对方的真实需求，并保持平静。

在休会期间，谈判团队可召开紧急会议商量对策，避免因对方改变议题，而失去对谈判节奏的掌控。

对于谈判偏离正轨的问题，我们应尽可能采取避重就轻的态度，对其不做正面回应，回归谈判正题。

如果对方提出的要求已经超出合理范围，或是对方恶意挑衅，我们则应表现出强硬的态度，客气而明确地拒绝改变议题的要求，或者以其他理由婉拒。

2. 适时反击

反击是态度改变的重要转折。当我方有足够把握时，就无须再单方面听取对方意见，而应用坚定的态度进行反驳。

想要增强反击效果，还应注意反击的时机。通常来说，在对方以"恐吓战术"进行要挟时，反击更有效果，此时有利于我方借助以退为进的方式，有力反击咄咄逼人的对手。

此外，反击必须配合强硬的谈判态度，因此反击需要由强势的谈判者执行。如果进行反击的并非核心人物或强势人物，则可能无法引起对方重视，其效果也会大打折扣。

5.3.4 "权力"的改变

在谈判中掌握更大权力的一方，更容易实现其期望目标。因此，无论如何，我方都应当尽力改变自身"权力"大小，改变我方在权力方面的局势，甚至掌握谈判主动权。

例如，在谈判中，如果局势对我方严重不利，或者难以找到改变局势的方法，我方应敢于叫停，以争取更大的权力。谈判时，各种内在和外在因素不断变化，如果不能及时做出改变，我方就会丧失主动权，被对方牵着鼻子走。

我方果断叫停可以让对方意识到：我们不是为了谈判而谈判，更不是为了面子而谈判，也不是为了展示勇气和决心而谈判，而是为了需求和利益而谈判，为了互利共赢而谈判。

此时，我方就可以为自己争取更大的权力，逐步掌控谈判节奏，甚至最终实现以弱胜强。

5.3.5 "外部环境"的改变

如果谈判的"外部环境"已经影响到谈判的推进，甚至影响到双方表现或情绪，就要及时进行调整，更换谈判地点，改变外部环境。

改变外部环境需要遵循两个原则。

1. 远离敏感地点

选择外部环境时应当考虑谈判双方的需求，远离敏感地点。例如，不要选择谈判对手曾经有过失败经历的地方作为谈判地点。

笔者曾遇到过这样一个谈判对手，他明确表示某一家茶社自己不喜欢，问其原因，他对笔者说："就在那里，我和我的女朋友分手了。"所以，这种时候我们需要果断更换谈判地点，确保在一个双方都感到舒适的环境中进行谈判。

2. 避免陌生地点

谈判地点要争取放在双方相对熟悉的地方。如果我方对谈判地点完全陌生，可能会导致我方难以控制局势，尤其是当对方足够熟悉谈判地点，甚至在该地拥有相应资源时，我方将更加被动。此时，我方应及时提出改变谈判地点。

5.4 求同存异，处理谈判中的反对意见

谈判的过程充满了表达意见、拒绝诉求、利益妥协等情况，当对方反对我方的意见时，我方必须积极处理，为己方争取利益。但与此同时，也要注意遵循求同存异的原则，在友好协商中让双方意见达成一致。

5.4.1　如何展示证据

谈判过程中，如果对方对我们的实力、执行能力表示怀疑，那么我们应当进行有力反驳，展示相关证据，打消对方的疑虑。这种行为并不是"争论"，而是在事实的基础上，让对方相信我们的实力与诚意。

如下两种方法，都是展示证据的重要手段。

1. 事例法

所谓事例法，就是通过展示与别人合作的事例，让对方感到放心。所举的事例越具可信度，就越容易说服对方。

> "我们已经与××××企业合作了一年时间，结款从来都没有拖延。我相信您应该进行过调查，××××在行业内的口碑有目共睹，所以我们是带着诚意来合作的，而不是为了做一锤子买卖。"

2. 体验法

如果对方因为对我们的实力不太放心，所以才提出异议，那么我们不妨让对方实地体验，以感受我们的实力。

例如，我们可以组织对方到我方企业实地参观，让对方实地感受我方企业的规模、文化、生产采购流程等，从而消除疑虑，与我们建立合作关系。

5.4.2　如何分析利益得失

通过分析利益得失，可以让谈判对手意识到，自己提出的异议，在某种程度上存在一定偏差——看似得益，实际失利。

在进行利益得失分析时，我们要站在对方的立场考虑问题，帮助对方解决问题，表现出诚恳和坦然的态度。要让他们意识到：对方的目的是扩大总体利益，争取互利共赢。

在很多情况下，我们都可以通过这种方法消除对方的疑虑。毕竟，我方的谈判目标是争取双方利益的最大化，而不是自身利益的最大化。为了增强说服力，我们还可以从以下两个角度进一步打消对方的疑虑。

1. 利用好数据、报道、资料等

能证明己方实力的年度收益表、市场份额表、主流媒体的报道等，都可以为己方加分。这些内容作证明，比较容易让对方消除疑虑。

2. "过来人"现身说法

我们可以邀请合作过的企业派出代表，作为我们的特别成员加入谈判。有了那些口碑好、行业地位高的企业为我们背书，我们会更容易赢得对方信任。

5.4.3 如何借用专业知识进行解读

当双方因为某个问题出现争论时，不妨借助专业知识进行解读，以此消除分歧，求同存异。借助专业知识解读可以从以下 3 个角度入手。

1. 拿出真实有效的说明

我们可以指定谈判成员进行相关知识的说明，包括但不限于法律法规、专业知识、核心论文库的论文内容等。谈判成员必须详细说明这些内容的来源、作者与发表日期。如果可以的话，应当由法律顾问对这些内容进行确认，并在公证处公证，使相关材料符合法规要求，具有法律效力。

2. 邀请专家

我们可以邀请专家对知识进行解读，尤其是对双方出现争论的地方，进行完整的说明和阐述。所邀请的专家应当在行业内具有较高的知名度，同时，能够真正站在双方的立场考虑问题，其得出的结论应当能够落地，并符合谈判情形。

3. 邀请第三方机构

我们还可以邀请第三方机构进行专业知识解读。第三方机构首先要具备专业性，具备国家认证资质，有资格进行专业知识解读，其所做出的解读应具有法律效力。同时，其解读内容需加盖公章，以保证真实、可信。

同时，我们还要保证第三方机构与谈判双方没有利益往来，是完全独立的第三方。只有这样，才能保证其做出的解读让人信服。

5.4.4 如何分析产品历史与优点

对于对方针对产品本身提出的意见，我们可以对产品的历史与优点进行总结，用数据说话，让对方放心。这时候，我们需要出具一份完善的产品分析报告。

以下7点是产品分析报告的构成要素。

1. 产品构思

说明产品的主要功能、开发逻辑、目标用户、销售模式。

2. 用户目标

说明用户的产品需求、使用场景。

3. 市场调查结果

说明产品市场发展历史和趋势、市场总额与自身份额等。

4. 政策调查结果

说明与该产品相关的政策。

5. 同类产品调查结果

说明同类产品的功能、质量、价格，及其主要优点和主要缺点。我们要从宏观与具体两个层面进行说明。

（1）宏观层面。这个层面的内容包括：主要竞品有哪些？当下市场格局如何？该竞品在市场中处于什么位置？竞品通过什么方式来满足用户需求？竞品的优缺点及其值得借鉴的优点有哪些？

（2）具体层面。这个层面的内容包括：竞品有哪些具体的优秀功能？自身产品与竞品的功能差异有哪些？通过比较，竞品有什么地方可供自身产品借鉴？

6. 竞争对手调查结果

说明各竞争对手的市场占有状况，以及他们在研发、销售、资金、品牌等方面的实力。

7. 用户调查结果

调查一些老用户和潜在用户，记录他们的需求与建议。

在做好相关工作的基础上，我们还要意识到：这是呈现给谈判对手的产品分析报告，面对的并非投资人，所以应当详略得当，不必为了面面俱到而使内容过于繁杂。以下 3 点应当特别注意。

（1）分析报告有很多种，如单个产品的分析报告、竞品分析报告、行业调研分析、产品页面分析报告等。在提交产品分析报告前，我们要明确提交产品分析报告的目的，尽可能精准地展现内容，确定报告是重点分析整个行业的产品模式，还是分析产品的功能、交互。确定目的后，要注意突出重点。否则，洋洋洒洒写了几十页，但真正有价值的内容只有几行，那么这份产品分析报告就很难打动对方。

（2）不要轻易给对方提建议，尤其是复杂的建议。我们应当从产品目标、战略、盈利层面，去分析自己为什么要这么做。对方只是供应商，他们关注的内容并不在这些地方，不需要我们提供复杂的建议。

（3）数据的来源一定要精准，尽可能使用专业机构发布的数据。否则，对方会认为这份产品分析报告并不值得信任。专业机构口碑越好、专业度越高，背书效果就会越明显，能够很容易让对方相信我们的实力，打消一开始的疑虑。

5.4.5 如何了解对方的资讯来源

如果对方以资讯表示反对，我方首先要做的并非直接讨论资讯，而应先询问对方资讯的来源。如果对方无法提供有效来源，我们可以表示："这只是道听途说，事实并非如此。这种内容无论拿到哪里都不会被承认，所以这个反对意见其实不成立。”

如果对方提供的资讯有一定来源，那么我们应当分析其来源是否可靠，资讯内容中是否有肯定性的结论。如果没有，那么同样可以用上述话术回复。

通常来说，当对方以资讯质疑我们时，其实只是在试探我们，因为资讯往往是模糊的，甚至是错误的、非法的，他们提出疑问，只是为了试探我们能否正面回复，消除其疑虑。一旦我们直接就资讯进行讨论，就等于默认了资讯的真实性。

同时，我方在使用资讯时也应注意：不要信任那些来源并不清晰、不权威的资讯。使用缺乏确凿证据的材料，很容易让对方抓住我方的漏洞或把柄，也会让我方被贴上粗心大意、不严谨的标签。正式谈判中，应尽可能避免使用"据说"这样的词语，否则很容易显得不严谨，破坏谈判气氛。

5.4.6 倾听与赞同

当对方在表达反对或质疑时，我方最不应该做的就是随意打断、急于解释。殊不知，此时的打断或解释，看起来就像是掩饰，是我方缺乏自信的表现。谈判者应当自信，且拥有广阔的胸怀，敢于接受他人的质疑。

所以，要想打消对方的疑虑，首先要学会倾听与赞同。认真倾听对方的表达，并记录下其核心观点和逻辑，待对方表达完毕后，再进行针对性的说明，这样才能真正让对方信服。若己方急于反驳，不仅会影响对方的观点表达，给对方留下不自信的印象，也会干扰己方其他成员倾听，导致反驳不具有针对性和有效性。

在倾听的过程中，己方应当做好记录。人的记忆力是有限的，因此，己方倾听对方表达时必须做好记录。这样做一方面可以帮助自己记忆，而且也有助于在对方发言完毕之后，就某些问题向对方提出询问；另一方面，还可以给对方留下很好的印象。对方看到我们并不是敷衍对待，而是在认真思考其表达的诉求时，会促使自己合理表达，而非一味反对。

对方发言结束后，我们也不要着急进行反驳，而应先诚恳地表示赞同。

"您说得很对，技术能力薄弱确实是我们的短板，您担心我们不能将贵公司的产品发挥出最大效果，这一点我非常理解。"（这种赞同会迅速拉近彼此的距离，体现出我们认真听了对方的发言，在这个基础上进行说明，效果会明显提升。）"我们公司也对此进行了全新规划。就在这个月，我们已经启动全新的实验室，聘请专家×××作为重要研发工程师，就是为了解决这个问题。"

这种回答可以让对方感受到我方的尊重，从而认真倾听我方的解释说明，因此，谈判中的反对意见能够得到有效处理。

5.5 谈判者的"三不"策略

谈判者在谈判中一定要把握好尺度，避免因自身失误造成僵局。"三不"策略是每一名谈判者都应当学习的。

5.5.1 如果处于优势，不能居高临下、出言不逊

人都需要成就感，但成就感又很容易激发虚荣心。如果在谈判中取得成果、处于优势地位，很多谈判者会因为虚荣心作祟，而居高临下或出言不逊，把交易变成交底，把谈判变成审判。

也许，这样做会让对方在谈判中失去招架之力，但这样的态度会影响后续合作，真正损害己方利益。因为，对方会给我们贴上"办事刻薄、不厚道"的标签，在协议履行阶段不配合，或是未来不再与我们进行合作。一旦市场有了

变化，那么我们将会失去这名合作者。所以，无论优势有多大，谈判团队都切忌居高临下、出言不逊，给对方难堪。

　　具体到每一名谈判者身上，就是不管己方企业实力多强，自身级别多高、资历多深，只要和对方坐在谈判桌前，就应坚持平等原则——平等相待、平等协商、等价交换。如果总是想着借助各种优势藐视对方，那么很有可能惹怒对方，导致谈判破裂。

5.5.2　如果处于劣势，不能一味迁就、忍让、迎合、讨好

　　某些时候，谈判之所以陷入僵局，不是因为我们的态度傲慢，而是因为把自己摆在了一个太过卑微的位置。一味迁就、忍让、迎合、讨好对方，这样我们只会被对方继续欺压，做出更多让步，甚至突破我方谈判底线。

　　无论劣势如何明显，我们都应当有这样的认识：只要坐在谈判桌前，双方就是平等的。和谐的谈判气氛建立在互相尊重、互相信任、互相谅解的基础上。谈判过程中该争取的一定要争取，该让步时也要让步，只有这样才能赢得对方的理解、尊重和信任。

　　所以，在谈判中，若对方过于嚣张跋扈，我们不仅要主动站起来反驳对方，还要观察对方的后续行动。如果对方毫无诚意，只想占便宜，那么我们不妨直言驳斥并考虑必要时退出谈判。要让对方感受到我们强硬的态度，意识到平等交流的重要性，使谈判重回正轨。

5.5.3　如果进行闲聊，不能东拉西扯、言不对题

　　无论任何时候，我们都要记住一点：谈判的目的在于实现期望目标、建立合作关系，而非进行单纯的社交活动。因此，谈判中的每一句话都应发挥相应的作用，推动谈判有序进行。

　　在谈判过程中，我们应当进行适当的寒暄或闲聊，但这些都是为了活跃谈判氛围、拉近双方关系，不能无限制地东拉西扯、言不对题。

　　当对方希望进行重点内容的讨论时，我们却在喋喋不休地讨论昨天的娱乐

八卦，势必会让对方反感，导致谈判出现裂痕。

我们应当在谈判前，把本次谈判的目的弄清楚，把谈判思路理清楚，把谈判内容准备充分，根据谈判目的的需要严格界定谈判议题，分出议题的轻重缓急，更重要的是界定禁忌议题。

事实上，很多谈判者都曾因在谈判中东拉西扯，结果不小心泄露了己方商业机密，使己方在谈判中变得被动，导致谈判失败。

想要解决这个问题，就需要在谈判开始前，由谈判团队管理者和每一名谈判者进行交流。对那些说话容易忘乎所以的谈判者，应当要求他们在谈判前自行制作并记住谈判提纲；同时，还可引入性格冷静、稳重的谈判者作为"特别观察员"，一旦他们发现有人在谈判中东拉西扯，应第一时间进行提醒，将谈判引入正轨。

谈判测试：打破僵局的策略是否合适？

通过下面的测试，判断打破僵局的策略是否合适。

1. 出现僵局时，（　　　）。

A. 我方谈判团队有人立刻进行话题转移，避免矛盾的进一步激化

B. 在短暂的尴尬后，我方谈判团队有人站出来调节气氛，在调节下，气氛得到缓解

C. 气氛较为尴尬，经历了一段时间的沉默后，我方提出休会，对方表示同意

D. 场面有些混乱，我方谈判者与对方谈判者持续进行言语攻击，直到不可挽回时才有所收敛

E. 我方没有反应，直到对方有人站出来调解，才使谈判没有破裂

2. 在我方看来,出现僵局的原因是(　　　)。

A. 双方前期沟通出现了一些误会,只要能够及时进行信息交流,即可挽回局面

B. 谈判技巧使用不当,陷入了无意义的纠缠,这样的僵局原本可以有效避免

C. 对方不愿意与我方进行友好交流;但我方也有一定责任,如不能控制好情绪

D. 个别谈判者控制不好自己的情绪,给谈判带来负面影响

E. 对方无理取闹,制造分歧,想要挑起矛盾

3. 如果僵局是由我方造成的,在我方看来最有效的解决手段是(　　　)。

A. 主动向对方道歉,并提出合理的解决方案。如果需要,可以更换谈判者,避免双方矛盾进一步激化

B. 主动向对方道歉,在解决一时的僵局后继续讨论议题,争取继续推进谈判

C. 与对方进行沟通,为了面子不能轻易道歉,但可以在条件上让步,以换得对方的谅解

D. 与对方进行争辩,尽可能为己方争取权益。如果争辩没有取得效果,则选择暂停谈判

E. 尽可能将责任推卸到对方身上,撇清干系,避免对方借此对我方发起挑衅

4. 如果僵局由对方造成,在我方看来最有效的解决手段是(　　　)。

A. 不动声色地跳过这一议题,进行其他议题的讨论。待其他议题解决后,再回来解决这一议题

B. 针对这一议题进行更加深入的讨论，用较多的时间寻找解决方案，直到解决这一议题后再开始新的讨论

C. 默不作声，继续进行谈判

D. 要求对方给予合理解释，否则己方会选择停止谈判

E. 穷追猛打，让对方意识到自己行为的不当，直到其道歉才继续进行谈判

5. 如果对方退让，表示愿意继续进行谈判，这时候我方的反应是（　　）。

A. 谈判团队负责人主动与对方握手致意，表示这只是小插曲，不会影响谈判进程与双方的友谊，随后双方继续谈判

B. 接受对方的道歉，不在这个议题上过多纠结，只是善意地提醒对方，随后继续谈判

C. 不与对方在这个议题上进行过多的交流，而是选择立刻继续谈判

D. 勉强接受对方的道歉，但明确表示自己的态度，并强调己方有可能随时终止谈判

E. 表示不能接受，除非对方做出非常大的让步，否则认为己方受到伤害，谈判没有继续的可能

评分标准与得分解析

选择 A 选项得 20 分

选择 B 选项得 16 分

选择 C 选项得 14 分

选择 D 选项得 12 分

选择 E 选项得 10 分

总得分在 90 分及以上：选择的策略非常得当。

总得分在 80~89 分：选择的策略有效，但是要注意细节。

总得分在 70~79 分：选择了比较标准的解决策略，虽然彼此间的矛盾解决了，但存在一定隐患。

总得分在 60~69 分：尽管打破了僵局，但双方的心结没有解开。

总得分在 60 分以下：非常没有礼貌，很容易导致谈判彻底破裂。

第6章

共赢达成：适当让步，实现双赢

　　谈判的目的不是战胜对方，而是满足彼此的诉求，实现双赢。唯有实现双赢，双方未来才会有更多的合作机会。所以，在谈判过程中，我们不能局限于自身利益，还应当学会适当让步，让对方同样获利。在此过程中，我们也要避免犯一些谈判者容易犯的错误，让谈判始终走在正轨上。

6.1 交换条件，彼此让步以实现双赢

随着谈判的不断推进，为了有效达成共识、促进长期合作，双方应主动交换条件，彼此让步以实现双赢。

6.1.1 具体条件，让对方明白诉求

谈判双方的相同点在于：双方都有明确的诉求。双方都需要通过表达自己的主张，有逻辑地组织并表达自己的意见和诉求，在磋商与让步中达成协议、实现双赢。

交换条件时，必须要让对方明白己方诉求。无论对方是报价还是还价，只要超出己方底线，我们就可以明确告诉对方："你一定可以给我一个更好的价格。"

相反，如果对方使用这种方法，我们也可以直接询问："你希望我给出一个怎样的价格呢？"双方只有明白彼此的诉求，才能达成一致。

1. 坚持客观标准

只有双方提出的具体条件符合客观标准，双方才能够达成一致。这些客观标准包括等价交换、市场行情、国际惯例、法律法规等。例如，己方准备以低价从对方处购买大量打印设备，而对方希望卖出高价。这个时候，我们需要了解产品制造成本与同类产品的市场价格，在这个基础上彼此让步，最终确定一个既符合市场规则又满足双方诉求的价格，这样才会让双方都感到满意。

2. 坚持互惠互利

在不损害自身利益的前提下，我们应当坚持互惠互利的原则，主动为对方

保留一定的利益空间。我们不妨这样与对方进行交流。

　　"因为我们本身就是运输公司，所以物流我们自己负责，这样你们也不用太麻烦。不过，能不能适当多送我们一些周边设备？这样我们使用起来也方便一些。"

　　坚持互惠互利的原则不仅能够保证自身利益，也能使对方有所收获，对方自然愿意达成合作。

6.1.2　期望条件，彼此做出让步

　　谈判的最终目的在于实现双赢。谈判的成败蕴含在谈判各方利益的"同""异"之间，为了使谈判成功，双方应当认清期望条件，求大同、存小异。

　　关于这一点，在谈判开始之前，双方就应当达成一致：此次谈判要实现怎样的目的。

　　在这个基础上，我们需要挖掘对方的利益诉求，并根据对方的合理要求，采取灵活的态度、变通的办法，做出相应的让步。例如，对方表示："近期厂里订单实在太多，虽然我们会投入更多的人力进行生产，但是，交付时间能否延后两天？否则即便赶工出来，产品也很有可能存在质量问题。"对于这种合理的期望，我们应当予以满足。

　　我们可以主动向对方做出让步，以推动对手做出让步，从而通过谈判达成一份公正的协议。例如，对方因为客观原因需要延长一定工期，这时我们提出若工期延长则需适当降低采购价格，他们自然会理解和认同这一期望，做出让步。通过彼此间的让步达成共赢，会为未来的长期合作奠定良好的基础。

　　对于谈判，我们要从大局入手，不要仅着眼于某一项谈判议题。这样才能让双方达成共赢，将"死棋"走成"活棋"，把"难题"转化为双方均可接受

的"新议题"。谈判中，如果我方先做出让步，可以向对方表明如下想法。

"这次让步非常不容易，这是我们经过紧急讨论，给贵公司的特殊权限，也希望您可以在××××问题上做出一定让步。"

对方通常不会拒绝这样的期望，甚至会感谢我们的理解，选择与我们合作。

6.2　团队影响，以团队优势促成双赢

不要忘记，在我们的身边有一群谈判伙伴与我们共同面对对手。所以，在谈判桌前，我们要主动发挥团队的力量，以团队优势促成双赢。

6.2.1　"红白脸"策略

"红白脸"策略是谈判桌上最常见的团队策略之一。所谓"红白脸"策略，是指谈判团队中，一个人扮演态度强硬的"白脸"，即完全和对方对立、不友好、强势的角色；另一人扮演态度友好的"红脸"，即可以和对方心平气和谈判的角色。

"红白脸"策略在生活中非常常见，如在企业管理、家庭教育等场景中，都有人使用这种策略。

而在谈判中，这种策略的使用往往呈现为这种形式：某个成员表情严肃，态度强硬，对待原则问题绝不做出任何让步，体现出强硬的一面；而另外一个成员刚好相反，态度友好，言辞温和，体贴入微，努力缓和局面，调节关系，努力化解谈判桌上的尴尬局面。

"红白脸"策略的一个好处在于，一方面让对方产生巨大的情绪波动，给对方造成巨大的心理压力；另一方面缓解对方的这种情绪，引导其最终做出符合我方利益的决定。

越是重要的谈判，就越是要巧妙应用"红白脸"策略。一方面"激怒对方"，让对方无法冷静做出决定；另一方面缓和他的情绪，避免谈判彻底破裂。这需要两个人或多个人精妙的配合，在强硬的同时表现温和，在软弱的同时表现强硬，让对方无法抓住把柄，从而获得谈判主动权。

"红白脸"策略的另一个好处在于：即便策略被对方识破，对方也不会当场揭穿。这会让谈判过程变得更加有趣，就好像下象棋一样，棋逢对手要远比实力悬殊的对弈有趣得多。

当然，在我们对对方使用"红白脸"策略时，对方同样也会使用这种策略与我们谈判。我们要学会分辨并及时识破其策略，不要被"红脸"迷惑，也不要被"白脸"吓倒。一方面，我们要与对方的"红脸"套近乎，表现出同样的热情；另一方面，面对对方的"白脸"，我们要控制自己的情绪，不要被对方激怒，这样就能做到见招拆招，清醒理智地应对对方的策略。

6.2.2　以团队整体影响力向对方施压

借助团队整体影响力，我们可以向对方施压，以此获得更大的利益。团队谈判的优点在于以下两点。

① 可以利用专业人才，对对方与事实有出入的发言及时加以修正。

② 反驳对方时，效果较佳，特别是当希望对方让步时，团队成员可以轮番利用对方的某位谈判者来借题发挥，以发挥最大的团队影响力。

所以，以团队整体影响力向对方施压时，应当注意节奏，选择谈判团队中最具影响力的几位谈判者，他们应该是各自领域内的专家，从专业角度出发来说服对方。注意，这里选出的谈判者，应当是团队中的精英，这样做的原因主要有以下两个。

（1）阐述的内容更具可信度。专家对一个问题进行论述，往往会从专业的角度出发，更具大局观，从逻辑到细节都会让人信服；同时，专家具有"晕轮效应"，从气场上能够征服对方，让对方不由自主地产生信任感。

（2）让对方意识到我方对这个问题很重视。专家出面阐述意见或解决问题，能表明我方对问题的重视。对方认识到这一点之后，也会尽可能选择合作而不是对抗，以避免谈判破裂。

对手形成这样的认识后，就很容易受我方影响，最终让我方以团队优势促成双赢。

6.3 价格谈判，如何规避异议，坚守提高利润之路

价格谈判是采购谈判等商务谈判的核心议题，价格关乎采购商成本和供应商利润，因此，往往也是双方争论的焦点。那么，如何做好价格谈判呢？

6.3.1 如何开价，让价格谈判顺利完成

很多谈判者不愿意先开价，因为先开价容易形成价格锚点，大多数人会根据报价权衡砍价。这样一来，价格方面的主动权会被对方掌握。但事实上，先开价也有好处，只要掌握开价技巧，明确而有信心地开价，就能帮助己方拿到价格方面的主动权。

具体而言，从以下3个角度入手进行开价，可促使谈判顺利完成。

1. 开价要留出足够的变化空间

为了不断扩大自己的让步空间，我们在开价时，价格一定要留出足够的空

间。谈判是一门妥协的艺术，成功的谈判是在不断让步中达成协议。合适的报价会给我们留出较大的让步空间。否则，如果第一次报价就是我们的底价，一旦对方要求让步，留给我们的就只有接受了。

同时，我们还要明白一点：开价并不是一成不变的。有些时候，有足够变化空间的开价并非没有成交的可能，毕竟每一位客户的实际情况和接受能力都不同。

2. 无论以何种条件成交，最重要的是要让对方感觉自己赢得了谈判

很多谈判者往往在谈判开始后不久，就立刻将价格降至对方的期望价格，希望对方看到自己的诚意，借此尽快成交。这种急切的心态反而不会给对方留下好的印象。

谈判是什么？谈判是一个展示自我的过程，是一个不断应用各种技巧最终实现目的的过程。对方只有通过自己的努力把价格谈下来，才会相信这是我方能承受的最低价格，并对自己的谈判能力感到满意，认为自己通过努力获得了谈判的成功，这种喜悦感不是别人给予的，而是自己赢得的。

3. 不要让开价把客户吓跑

尽管第一次开价要高于想要的价格，但是也要注意价格不可过高，通常来说不要超过市场最高价。如果开价过高，超出对方的心理承受范围，那么对方随时会终止谈判。

6.3.2　如何还价，促使谈判获得最佳收益

还价同样讲究技巧。一般而言，还价分为 3 个阶段。

（1）当谈判进入讨论价格阶段时，由于对对方价格的具体情况欠缺了解，我们应要求对方从总体上调整报价。

（2）根据总体报价进行具体内容的谈判。此时我们采取的还价策略是针对性还价。谈判团队中的相关人员要针对每一个项目进行核算，找出明显不合理、"水分"过多的项目，然后针对这部分进行还价，以此调整总体报价。

（3）在讨价的最后阶段，我们需要根据对方的具体反应，进行策略性分析，找到突破口。

需要特别注意的是：如果在第一个阶段，对方很爽快地答应了我们的请求，那么就说明对方报价中的策略性虚报部分可能占比较大，价格中所含"水分"较多或是对方急于成交。不过，这种情况通常不多见，多数情况是对方不轻易改变报价，需要双方进行多轮磋商。即使对方声称自己调整了报价，我们也要分析其调整是否具有实质性内容。

还价与守价是考验双方"演技"的阶段，我们不要被对方的"表演"迷惑，而是应当从细节入手，分析报价是否合理，尽可能处理好含有"水分"的部分。同时，应依据对方的权限、成交的决心继续实施还价策略。

由于价格是较为敏感的议题，在还价过程中，要对事不对人，注意采用循序渐进的办法，逐步诱使对方降价。如果我们表现得过于急迫，或采用"硬碰硬"式沟通法，就可能使谈判陷入僵局，不利于谈判的顺利进行。要记得，"硬碰硬"式沟通法通常用于最后阶段，是经历了多轮还价后才会采用的方法，而不是一开始就使用的策略。只有尽可能保证谈判气氛良好，才有可能促使对方降价，最终以合理的价格达成交易。

6.3.3　如何使用策略，获得最优价格

想要获得最优价格，需要从前期调查和谈判策略两个方面入手。前期调查越充分，就越容易定位最优价格；同时，在具体谈判中使用有效的谈判策略，也有可能从对方手中拿到最优价格。很多谈判者往往仅注重后期的技巧，却忽略前期的准备，所以往往不能以最优价格完成谈判。

1. 前期准备的内容

（1）自我分析。谈判前要做好自我分析，找到我方优缺点，这样才能更好地与对方进行谈判。

① 我方能给对方提供多少利益，这些利益是否是持久的？

② 提供相应的福利，我方会增加多少成本？

③ 我方有哪些缺点容易被对方发现并以此为借口对价格不松口？

找到缺点后需要制定解决方案。

（2）对手分析。我们也要对谈判对手进行充分的了解，如口碑、信誉、服务、产品质量等，这些都是我们进行价格谈判的关键切入点。特别是其他合作方对其口碑的评价，若能从中找出对手的弱点，我们在谈判的时候就能找到突破口。

（3）市场分析。我们要通过分析市场，了解同类产品的最高价格和最低价格。同时尽可能了解最高价格与最低价格的产品品质或服务差异，并将其与供应商的产品进行对比，这样在谈判时才能做到有的放矢。

（4）成本分析。在谈判前要对供应商的产品成本有一定的了解，包括人力成本、物力成本、财务成本等多个部分。在谈判中，对供应商所提出的价格进行合理的分析，然后有理有据地压价，这样既能保证供应商获得应有的利润，也能使己方获得合理的价格，保证双方共赢。

2. 后期的策略使用

在做好前期准备的基础上，我们可使用以下谈判协商的具体策略。

（1）表明需求。谈判初期要表明自身的需求。我们可以要求供应商提供一份需求表，其中包含产品相关内容，如产品质量和服务、供货速度、供货周期；还包含价格相关的内容，如产品单价、团购价及长期合作的最优价格。这样，我们就能对整体价格有一个完整的了解，然后对每一项进行分析，再逐项解决问题。这是价格谈判的关键，如果没有细节做支撑，就无法进行有针对性的谈判。

（2）主动出击。想要在谈判中掌握主动权，就应当主动出击，而不是被动等待对方压价。我们需要多询问对方，从而获得有关的产品信息、市场信息以及其他的供应商信息，找出对方在产品、市场以及其他供应商方面的漏洞，这样才能找到出击机会。"多问少说"是谈判中的一个重要原则。通过"多问"，让对方提供更多信息，这样有助于快速找到谈判的切入点。

（3）坚持原则。如果遇到态度较为强硬的谈判对手，我们不能表现得唯唯诺诺，而是应当坚持原则并说明原因，以免谈判陷入僵局。如果对方愿意做出让步，谈判则可继续推进；如果对方仍然坚持，那么我们应当从其他角度入手，进一步寻找破解方法。

（4）以退为进。如果双方在价格上始终无法达成一致，那这个时候，我们不妨以退为进，在价格方面做出让步，再从其他地方补回损失。

当我们的期望价格是 5.5 元，但对方坚持 5.7 元时，我们可以做出小幅让步，与供应商以 5.6 元的价格达成协议，但同时要求与对方签订长期合同。

6.4　谈判者容易犯的 15 个错误

在谈判中，谈判者即使准备得再充分，面对对手，也还是可能犯一些错误。不过，这些错误可以通过平时的谈判练习尽力避免。以下是谈判者容易犯的 15 个错误。

6.4.1　争吵代替说服

"这个价格不合理，上个月我们刚刚进了一批货，价格还没有这么夸张。你们太过分了，根本就不想和我们合作！"

"可是，您要明白，现在成本都在上涨。"

"不要骗我！我还不知道是怎么回事吗？如果不是我们着急用，你们会这样？你们太不够朋友了！"

这样的场景，在谈判中经常见到。用争吵代替说服，这是很多谈判者都容易犯的错误。

在谈判过程中，虽然我们代表的是公司，但是由于情绪波动，我们往往会把谈判对手的公司看作谈判对手个人，谈判中不由自主地将对象转移。我们情绪失控时，往往也会激怒对手。结果双方陷入无意义的争吵之中，谈判就此陷入僵局。

在谈判中，我们必须始终记住这一点：谈判是说服对方的过程，靠吵架是不可能让对方真正信服自己的。当然，每一个人都有负面情绪，但当我们想要发泄负面情绪的时候，应该控制住自己，可以选择暂时停止发言或休会。若提前做好了安排，则谈判伙伴应及时出面，打断争执，避免矛盾的进一步恶化。

6.4.2　用短期策略对待长期关系

"这次我们的价格是 3 元，我相信贵公司也一定还有利润可赚。"

"可是，这笔订单的利润几乎为 0。再算上其他一些消耗成本，这完全是赔本生意。您也说了，我们以后还会有更多的合作，可是这一次的价格，让我们没法接受。"

"以后的事情，咱们以后再谈。但是这一次，我希望就是这个价格。"

谈判的目的可以分为达成短期合作与建立长期合作关系。针对不同的目的，所用的策略也不相同。

如果不是一次性采购谈判，多数情况下，谈判的目的都是建立长期稳定的合作关系。

所以，在谈判中，我们不要用短期策略对待长期合作关系，如上述场景中的无限制压价与"以后的事情以后再谈"，这样很容易让对方认为我们并没有未来与之合作的计划，那只是一句托词。也许对方最终同意了这次的价格，但是其在执行过程中不认真，同样会造成极大的隐患。而与谈判对手建立长期稳定的合作关系，不但可以防止破坏性事件的发生，还可以让双方持续不断地从这种关系中获益。长期稳定的合作关系是超额收益的源泉，其讲究的是"共同进步"，这是我们必须注意的。

巴菲特说："如果你不愿意持有一只股票10年，那你就不要考虑拥有它10分钟。"那些投机的人往往会倾家荡产，是因为他们不愿意像巴菲特一样，"慢慢"变得富有。只有长期稳定的投资才能带来高的投资回报。谈判同样如此。通过谈判建立长期稳定的合作关系，要远比为了一次谈判的成功，而伤害彼此感情划算得多。

6.4.3　对人不对事

"我不想和你再谈了！你让我感到非常生气，你简直就是在侮辱我！不，不仅是和你，和你们整个团队，我都不想多说一句话！在我看来，你们公司没有一个人是值得信任的！"

对人不对事，这是谈判者陷入愤怒时常犯的错误。当谈判陷入僵局，谈判者的注意力往往偏离了议题本身，而将不如意归结在对方身上，开始进行"人身攻击"，或是出言不逊，或是发出威胁。这种做法不仅无助于推进谈判，反而会让谈判破裂。

经验不足的谈判者往往会犯这种错误，误以为这样能够让对方做出让步，通过赤裸裸的伤害让对方就范。但事实上，这种对人不对事的攻击，会对对方的人格造成难以想象的伤害。尤其是当这种攻击扩大到所有人时，对方会认为："你并不是为了谈判而坐下来，而是为了表现自己才坐下来。对于不懂得尊重他人的企业，为什么要进行合作？你的行为代表了整个企业的态度。"

谈判桌上，出现争执是很正常的事情。但是我们要记得：谈判是一项关于合作的工作，客观公正、人事两分是合作的前提和基础，也是谈判者修养和素质的体现。一个优秀的谈判者，不仅懂得语言的使用技巧，更具备广阔的胸怀，明白谈判的目的，绝不会口不择言地伤害他人，更不会把目光局限在"一锤子买卖"上。只有这样，才能真正做好谈判，否则就会被谈判对手列入"谈判黑名单"。

6.4.4　进入谈判却没设定目标和底线

"我想听一下，贵公司想要的究竟是什么？咱们肯定要交换一下意见，这样我们才能给您一个满意的价格。"

"我们就是想采购一批产品。"

"那么数量是多少？什么时候需要交货？"

"这个……大概是一万个吧？不，也有可能是两万个？"

"您需要的数量的差异也太大了。这样的话，我们没法给您报价。您有预期价格吗？"

"这个，其实，就是越便宜越好。"

一旦出现这样的场景，就意味着没有目标和底线的一方在这场谈判中已经毫无胜算，会完全被对方牵着鼻子走。谈判没有目标和底线就像小木船没有方向，最终漂向哪里，完全由海浪和风决定。为什么要设定目标和底线？这是因为明确的谈判目标可以指导我们明确需要从谈判中获得什么；谈判底线则是在为我们把关。

当我们想要完成这次签约，但没有设定目标和底线时，那么无论对方提出怎样的要求，我们唯一的选择就是退让，这就会使对方得寸进尺。让步到一定程度，我们就会意识到自己让得太多了，虽然没有设定目标和底线，但是我们也能发现：这已经给自己造成了不可挽回的损失。

6.4.5　逐步退让到底线却沾沾自喜

双方经过多轮谈判，最终达成一致。这时候，采购谈判者忽然显得洋洋得意，不停玩手机。他面露微笑，向领导汇报："我已经成功了。"对方将这一切看在眼里，似乎想到了什么，于是快速在纸上写下了新的条件，然后交给这名采购谈判者。看到纸上面的内容，采购谈判者一下子愣住了……

上述场景中，尽管只是一个小细节，却暴露出谈判者犯的一个明显的错误：在没有最终敲定结果时却沾沾自喜。

有的谈判者往往会在不经意间做出这样的举动，殊不知，这恰恰犯了谈判的大忌——在逐步退让中，对方已经触达我们的底线，我们却仍在不断退让。这样做也会让我们失去谈判的主动权。此时，一旦对方继续施压，就很容易突破我方底线，使我方利益受损。

这样的事情在笔者的很多学员身上都曾发生过。一个不经意的小细节就让之前的一切努力化为乌有。很多时候，谈判对手报价是为了对我们进行试探，看我们是否会做出预期的举动，继而判断是否触及我们的底线。结果，我们稍不留意，便落入对方的陷阱之中。

正确的做法是什么？"永远感到惊讶"。无论对方如何报价，我们都应该表现出大吃一惊的样子，甚至借助肢体语言来表达惊讶的情绪。因为，当对手报价时，他们通常只是想观察我们的反应，如果我们的表现是长出一口气，那么就意味着其实还有空间可以谈。所以，对对方的报价表现出吃惊，才是正确的应对方式。不要以为这种做法太幼稚或者太做作了，事实上，这是我们隐藏底线的有效手段。

6.4.6　做出让步却没有要求对方予以回报

　　"为了让我们达成合作，我们决定：再主动做出一些让步。如果可以，我们现在就签订合同。"

　　"好，既然你们这么有诚意，那咱们就这样敲定了。"

　　从表面上看，这是一场成功的谈判，最终双方达成一致。但事实上，让步的一方却犯了一个大错：做出让步却没有要求对方予以回报。

　　不要以为善意的让步会感动对方，从而使谈判变得更加简单。这只是一厢情愿的想法。事实上，这可能会让对方得寸进尺，认为根本没有触达我们的底线。甚至，对方还会暗示我们做出更大的让步。

　　要记住，谈判场并不适合交朋友。我们在让步的同时，也应要求对方予以回报，这才是对等的谈判。做出让步的确没有错，但是若不要求对方予以回报则很有可能会让对方认为己方软弱可欺，其谈判的态度会越发强硬，以此迫使己方再次做出让步。

　　所以，最好的应对方法就是：当对方要求我们做出让步时，我们应该向对方索要一些回报，否则绝对不让步。这是谈判中不可忽视的一个技巧。

　　每一阶段的让步都要获取相应的收益。任何事物都有两面性，在每一次让步中，由于双方需求不同、角度不同，每次让步的价值从不同的角度来看也不相同。在我们做出让步并得到对方回报的过程中，双方所得到的价值是否对等是彼此需要衡量的。假如对方不能向我们提供有价值的回报，那么我们的让步也不能成立。

6.4.7 让步太容易、太快

"如果价格再提高1%，咱们这次就能合作，否则真的没有再继续讨论的必要了。我希望您可以再考虑一下。"

"好吧，那就这样。"

"不需要再考虑一下吗？"

"不需要了，咱们签订合同吧。"

"稍等，我还有一点需要补充，给我几分钟时间。"

这就是典型的让步太容易、太快的场景。正是因为我们不假思索地答应了对方的让步要求，所以对方认为我们还有空间可以压缩，并推翻了之前的决定，再一次提出更严苛的要求。

但是，如果我们在对方提出让步要求后，表现出犹豫、思考，甚至表示自己不能决定需要领导定夺，那么对方可能就会认可这次让步并达成协议，使谈判顺利结束。

通常实力较弱的一方在谈判中会让步太容易、太快，其认为自己的谈判权力有限，与对方不对等，让对方牢牢掌控谈判的主动权。

相信很多人都有这样的感受："很多初创公司在和较大的公司谈判时，会觉得自己没什么谈判筹码。但是，如果某个大公司或者投资人愿意坐下来跟你谈判，至少表示他们对你感兴趣。还有很多人甚至都没机会跟他们谈判。"

所以，只要能坐在谈判桌前，我们就有自己的筹码，而不是注定完全被对方牵着鼻子走。一定要记住，只要坐上谈判桌，双方就是公平、对等的。我们应当头脑清晰而自信，向对方发出信号："我方可以做出让步，但是让步必须符合我方的目标和底线，甚至需要经过内部讨论才能决定。"

6.4.8 没找准对方的需求

"我方非常愿意与贵公司合作，除了常规付款外，我方愿意自己承担物流费用。"

"让我再想想。"

"是价格不合适吗？我们公司的实力很强，和我们合作，会让贵公司进入一个全新的平台，接触到更多的企业。"

"让我再想想。"

很多谈判者都遇到过这样的问题：对方几乎对我们提出的所有条件都表示不做正面回应，即便我们做出一定的让步，对方依然表现得非常冷淡。最终，谈判在尴尬中结束，双方什么协议都没有达成。

之所以会出现这样的情况，是因为我们没有找准对方的需求。很多谈判者都有这样的习惯：从自己的角度出发，分析对方的需求，认定对方的思维和自己的思维一致，于是设定了一系列看似有效实则无用的谈判策略。

但事实上，企业与企业之间的谈判，涉及的利益需求十分复杂，很多时候不是一句话就能描述清楚的。"打蛇打七寸"，谈判同样如此，如果我们不能找准对方的需求，无法明确对方的痛点，谈判自然无法成功。

在谈判准备阶段，如果没有很大的把握找准对方的需求，就不要急于开始谈判，直到将对方的需求了解清楚之后再开始。谈判桌上，如果对方始终没有表达明确需求，自己无法对预测的对方需求进行验证，那么不要开始对核心议题的谈判，而是不断围绕对方的需求进行交流，直到验证了对方的需求，再进入实际的谈判阶段。

6.4.9　接受对方的第一次报价

"我们的产品，贵公司一定非常了解，从口碑到质量，都是有保障的，与我们合作的都是国际一线品牌。所以，我们的这个报价也是很合情合理的。"

"明白，让我们讨论一下。"

5分钟后。

"我们认同这个报价，现在可以签约了。"

很多谈判者都会陷入这种误区：看到对方的第一次报价在自己的接受范围内，因为害怕"夜长梦多"，很快便答应了对方的第一次报价，没有进行任何谈判工作。

事实上，这种方法非常不可取。因为我们答应得过于爽快，会让对方认为报价太低或条件太优惠，进而在下一次报价时故意抬高价格。谈判讲究的是双赢，如果贸然接受对方的第一次报价，对方不仅不会感到自己赚了，反而会认为自己亏了。

对己方而言，这同样不是最好的选择。尽管价格已经达到了我们的心理预期，但事实上，对方开出的这个价格同样可能有很大的弹性，对方往往可以进一步降价、提供更优惠的条件等。爽快地答应，对己方来说反而是一种损失。

由此可见，这种方式会导致"双输"。

6.4.10　把话说死

"不谈了！我们决定放弃！"

"咱们先别急，我理解您的心情。咱们看看还有什么解决方法。"

"不必了！根本就没有再谈下去的必要了！"

谈判过程中，我们可以以"硬碰硬"式沟通法与对方交流，但这只是一种策略，并非真的为了让对方无话可说。把话说死，让对方没有任何切入角度，那么这场谈判必然走向破裂。

所以，即使我们想要表现出自己的态度，也应适当留下"小尾巴"，让对方"有机可乘"，如"如果价格不能再适当地降低一点，那么我们将会选择放弃"。不把话说死，就是为了给对方一个台阶下。这样，谈判才能继续进行。

6.4.11 被对方逻辑引导而放弃计划

"您听我说，这次合作是因为贵公司有一个非常急迫的项目，如果短时间内无法开工，就会违反合同，需要进行高额赔付，对不对？"

"是的。"

"现在您需要从我们这里采购，我们也想帮助您。但是我们的产能也有限，需要停工一部分，提前为您生产。我们也有一部分损失，您一定可以理解，对吗？"

"可以理解。"

"所以，虽然这次的报价的确比上一次高了一点儿，但这是特殊原因造成的。对吧？"

"是的。"

"所以，咱们的当务之急不是谈价格的高低，而是将问题解决。如果可以，咱们就赶紧签约，我们这边今天就开工，您看可以吗？"

"好吧，只能这样了。"

这就是典型的被对方逻辑引导，结果完全放弃自己计划的场景。这样不仅不能以预期的价格完成谈判，甚至还需要付出更大的代价，可谓输得彻底。

我们该如何做，才能避免陷入对方的逻辑陷阱，避免被对方牵着鼻子走呢？

1. 准备多个方案

想要不被对方牵着鼻子走，就需要准备多个方案，即便 A 方案失败，也还有其他可选方案。如果只有一个方案，谈判时就会战战兢兢，担心方案失败而没有退路，最终只能跟着对方的思路走。

2. 学会冷静思考

谈判是双方人员你来我往、见招拆招的过程，即便对方的逻辑没有问题，我们也需要冷静思考，分析其建议是否真的是最佳选择。冷静思考是破解对方逻辑的关键。

3. 专注于自己的目标

如果不想被对方牵着鼻子走，就必须专注于自己的目标，不被对方的逻辑影响。要让自己与对方的讨论专注于实现己方的目标，即使对方对己方做出价值判断，也不要乱了方寸。只有我们自己知道，什么才是最有效的方案，对方不可能帮助我们做决定。

6.4.12　从最难的问题切入谈判

"现在，让我们正式进入谈判阶段。我想，咱们最关心的就是价格问题，那么先解决这个问题怎么样？我方的提议是，这次采购费用应为 100 万元。"

"这个价格太离谱了，根本就没有办法谈！"

"可是，这是我们认为最合理的价格。"

"不，这完全不符合市场的常规价！我们还有必要进行谈判吗？"

很多谈判者都会陷入这样的误区：从最难的问题切入谈判，解决这个问题后，剩下的问题就能很快解决，这有助于谈判的推进。但事实上，成功的谈判一般都不是从最难的问题切入的。因为最难的问题往往需要长时间的交涉，一旦开始就容易使谈判陷入僵局，从而给对方留下非常不好的印象，让对方认定其他问题也无法顺利解决，给谈判制造障碍。

谈判中有一个原则，叫"阶梯原则"，指的就是在谈判中由容易达成共识的问题切入，逐渐由易到难，分段洽谈，分段受益。所以，谈判应当从简单问题切入，如交货期、付款期等，双方先形成一定共识，营造友好合作的谈判氛围，等大部分简单问题都解决后，谈判双方的心情都会较为愉悦，此时一些比较复杂的问题就更容易解决了。因为此时双方都会有这样的心态：一定要解决好这个问题，否则前面的全白谈了！

6.4.13　接受对方提出"不同意就不合作"的威胁策略

"我们的报价很有诚意，产品质量也很好。如果不同意就不合作了！你可以问问其他供应商，看还能不能找到这样的合作机会！"

"好吧，别生气，咱们这就签约，我们这边没问题。"

这就是典型的"谈判威胁"场景。所谓谈判威胁，就是在谈判过程中，当谈判双方就所谈问题存在意见分歧时，一方逼迫另一方按照己方意愿行事，否则就要采取行动造成一个不利于对方的结果。

经验不丰富的谈判者往往会在这种局面下选择妥协，与对方签订合同。但事实上，这恰恰落入了对方的圈套，因为我们的目的还没有达到，这是一场单方面胜利的谈判，赢的人是对方。面对这样的场景，不要被对方的威胁吓倒，我们要不断提醒自己进行谈判的目的是什么。

那么我们该如何破解对方的威胁？最简单的方法，就是"装糊涂"。倘若谈判一方对另一方发出的威胁"装糊涂",使威胁方误以为威胁没有效果,威胁方自然就会撤回威胁。当对方发出威胁时,不妨先沉默片刻,然后继续谈判,如:"我有一点想法,现在不是旺季,所以价格应该再低一点才合适。"我们没有正面应对,对方一拳打在了棉花上,因而只能坐下来与我们继续谈判。

除此之外,我们还可以晓以利害,让对方放弃威胁的想法。我们可以分析实施威胁会给对方造成的损失,让对方清楚自己实施威胁的利弊与得失,增加对方的心理压力。这样一来,对方就会主动放弃威胁,与我们再次进行友好沟通。

6.4.14　不善于确认与再确认

"我们的谈判基本已经完成,现在可以签约了。您之前做过 3 个承诺,第 1 个承诺是附赠 500 双手套,第 2 个承诺是运费由贵公司承担,第 3 个承诺是委派一名代表协助我们进行安装。"

"是吗? 第 2 个承诺我说过吗? 恐怕是您记错了吧?"

"您当时是这样说的。"

"可能是您听错了。您是否有证据证明我这样承诺过呢? 如果的确有,我们一定做到!"

"好像没有。"

"咱们不要在这种小细节上纠结了。好了,咱们准备签约吧。"

"好吧。"

俗话说: "害人之心不可有,防人之心不可无。" 谈判同样如此,如果我们不善于确认与再确认,那么一些谈判对手很有可能在签约前忽然推翻自己的承诺。这个时候,由于已经进入谈判的最终阶段,我们会进退两难: 结束谈判，意味着前面的所有工作都白做了；但就这样签约，自己又太不甘心。

想要避免这种情况发生，我们就需要在谈判过程中对对方做出的承诺进行多次确认。尤其当对方做出承诺时，我们必须正式重复一遍，得到对方的认可后，自己和相关记录员将其记录下来，以白纸黑字的形式，直接写入协议。在协议正式签署前，我们还要将相关内容拿给对方再次确认。只有这样，才能防止对方出尔反尔。

6.4.15 单枪匹马的英雄式谈判

"这个问题我们不会妥协，我不需要咨询其他人！"

"既然如此，那么咱们也没有必要谈判了！你确定，你一个人可以做主？"

"对！这场谈判我说了算！"

这样的场景我们经常会在影视剧中看到。一名能力过硬的谈判者，如孤胆英雄一般与对方展开谈判，但最终因为意见不统一，导致谈判破裂。从表面上看，这名谈判者的确很有勇气与魄力，但是谈判的目的是表现某个人的英雄主义吗？

谈判的目的其实是与对方达成协议，实现双赢，这种英雄式的谈判，也许会获得一次成功，让自己赢得声誉，但是纵观多数成功的谈判，都离不开团队的配合。因为，到了双方博弈的最后时刻，为了达成目的，双方会用上各种手段，威逼利诱，打"感情牌"……一个人想要掌握这么多的技巧谈何容易？所以，我们需要其他成员的支持，有人唱白脸，有人唱红脸，相互配合，这样才不至于被对方围攻。在团队协作下，一个人在谈判的过程中如果有所遗漏，其他人可以补充；如果有说错的地方，其他人也可以纠正。

更何况，一个人如果刻意要表现英雄主义，会引起团队成员的不满："我们是一个团队，为什么你要一个人谈判？难道我们没有任何实力？"团队成员不愿意为某个人伸出援手，这恰恰是对方渴望看到的。一个谈判团队从内部瓦解，意味着对方已经获得了胜利。

我们要时刻提醒自己，"诸葛亮舌战群儒"虽然精彩，但只是小说中的情节，更何况我们并不是诸葛亮。如果双方各自都只有一个人参加谈判，一旦双方出现矛盾，谈判多会以失败告终。但是，如果双方都有几名人员参加，有人在双方产生矛盾之时劝和，双方就很容易重新回到谈判桌前，平复情绪后继续推进谈判。

与此同时，整个谈判团队必须提前制定规则，明确分工与责任，任何人都不能随便越权。用规则来约束每一个人，会比自我约束更有效果。

谈判测试：你的让步是否合适？

通过以下测试，判断你的让步是否合适。（单选）

1. 当对方提出让步请求时，你的反应是（　　　）。

A. 要求给一定时间进行思考，随后答复对方可以做出让步，但是对方也要做出一定让步

B. 立刻答应对方的请求，并提出自己的让步请求

C. 不知道如何选择，很长时间没有做出答复，直到很久后才表示同意

D. 毫不留情地反击对方，表示己方绝不会做出任何让步

E. 立刻同意对方的请求，并提出应当立刻签约

2. 当双方的合作欲望较为强烈时，对于让步这个行为你的看法是（　　　）。

A. 以较低的成本换取未来长远的合作，是一件非常值得的事情

B. 为了未来的合作，即使成本高一点也没有关系

C. 可以让步，但是必须对方先让步，自己不会率先让步

D. 不是特别愿意让步，除非迫不得已，否则自己绝不会做出这样的事情

E. 绝不让步，一旦让步就意味着自己处于被动局面，会被对方牵着鼻子走

3. 在让步的过程中，你的表现是（　　）。

A. 向对方说明让步的内容是什么，随后将重点放在未来的合作之上，表示这是合作的起点

B. 在对方强调未来合作的过程中，不断提及这次让步的后果，给对方施加压力

C. 重点说明让步的内容是什么，夸大成本，随后将话题转移至未来的合作上

D. 强调己方的付出，表示如果未来没有合作，那么己方就会非常后悔

E. 一再表示己方吃亏，尽可能让对方感受到己方的不易，如果能让对方放弃要求己方让步为最佳

4. 如果对方提出的让步请求超过正常范围，你应当（　　）。

A. 向对方说明让步请求的不合理性，以客观标准为突破口拒绝对方，但表示可以在合理范围内进行让步

B. 勉强答应对方的请求，提出让对方做出同等让步的请求，并一再表示这是为了未来的合作而做出的迫不得已的选择

C. 表现出犹豫，让对方认为我们在思考，然后开始反驳

D. 毫不犹豫地拒绝对方，表示绝不会接受这种无理的请求

E. 立刻答应，以本次签约成功为唯一目的，答应之后要求马上签订合同

5. 对于对方提出的涉及原则的让步，你应当（　　　）。

A. 据理力争，明确本企业的规定，绝不会违背原则让步，这是企业的底线

B. 表示不能突破底线，但是可以有限度地进行让步，只要不损害本企业的利益

C. 明确表示不会做出任何让步，同时表示终止谈判，未来不再进行更多的沟通

D. 表示不会进行原则性让步，除非对方做出对等的让步

E. 为了达到签约的目的答应对方，但表示一切后果由对方承担

评分标准与得分解析

选择 A 选项得 20 分

选择 B 选项得 16 分

选择 C 选项得 14 分

选择 D 选项得 12 分

选择 E 选项得 10 分

总得分在 90 分及以上：非常合适的让步，有利于双方实现双赢。

总得分在 80~89 分：如果在细节上更注意一点，实现双赢的可能性会很大。

总得分在 70~79 分：较为恰当的让步，有机会促成双赢。

总得分在 60~69 分：比较不合适的让步，很容易让己方陷入被动局面。

总得分在 60 分以下：几乎没有可取之处，完全被对方牵着鼻子走。